奧黛麗·赫本：一個優雅的靈魂

西恩·赫本·法拉◆著　莊靖◆譯

Audrey Hepburn, an Elegant Spirit: A Son Remembers

SEAN HEPBURN FERRER

奧黛麗‧赫本：一個優雅的靈魂

| 國家圖書館出版品
預行編目資料 | 奧黛麗‧赫本：一個優雅的靈魂／西恩‧赫本‧法拉（Sean Hepburn Ferrer）
著；莊靖譯 . -- 四版 . -- 臺北市：臉譜, 城邦文化出版：家庭傳媒城邦分公司發
行，2021.11
　　面；　　公分. --（臉譜書房；FS0140C）
譯自：Audrey Hepburn, An Elegant Spirit: A Son Remembers
ISBN 978-626-315-032-4（精裝）
1. 赫本（Hepburn, Audrey, 1929-1993）　2. 演員　3. 傳記
785.28　　　　　　　　　　　　　　　　　　　　　　　110016461 |

AUDREY HEPBURN, AN ELEGANT SPIRIT : A Son Remembers by Sean Hepburn Ferrer

Copyright © 2003 by Sean Hepburn Ferrer

Complex Chinese translation copyright © 2021 by Faces Publications, a division of Cité Publishing Ltd.

Published by arrangement with Atria Books, an imprint of Simon & Schuster, Inc.

through Bardon-Chinese Media Agency

All rights reserved.

臉譜書房 FS0140C

奧黛麗‧赫本：一個優雅的靈魂

作　　　者	西恩‧赫本‧法拉（Sean Hepburn Ferrer）	
譯　　　者	莊　靖	
副 總 編 輯	劉麗真	
主　　　編	陳逸瑛、顧立平	
封 面 設 計	廖　韡	
美 術 設 計	王小美	
版 面 協 力	菊舍工作坊	

發　行　人　涂玉雲
出　　　版　臉譜出版
　　　　　　城邦文化事業股份有限公司
　　　　　　台北市中山區民生東路二段141號5樓
　　　　　　電話：886-2-25007696　傳真：886-2-25001952
發　　　行　英屬蓋曼群島商家庭傳媒股份有限公司城邦分公司
　　　　　　台北市中山區民生東路二段141號11樓
　　　　　　客服服務專線：886-2-25007718；25007719
　　　　　　24小時傳真專線：886-2-25001990；25001991
　　　　　　服務時間：週一至週五上午09:30-12:00；下午13:30-17:00
　　　　　　劃撥帳號：19863813　戶名：書虫股份有限公司
　　　　　　讀者服務信箱：service@readingclub.com.tw
香港發行所　城邦（香港）出版集團有限公司
　　　　　　香港灣仔駱克道193號東超商業中心1樓
　　　　　　電話：852-25086231　傳真：852-25789337
馬新發行所　城邦（馬新）出版集團 Cité (M) Sdn. Bhd
　　　　　　41-3, Jalan Radin Anum, Bandar Baru Sri Petaling, 57000 Kuala Lumpur, Malaysia
　　　　　　電話：603-90563833　傳真：603-90576622
　　　　　　E-mail : services@cite.my

四 版 一 刷　2021年11月4日

城邦讀書花園
www.cite.com.tw

ISBN 978-626-315-032-4

售價 599 元

（本書如有缺頁、破損、倒裝，請寄回更換）

獻給赫本孫兒

目錄

1955年，羅馬市郊。菲立浦·哈斯曼（Philippe Halsman）攝。
© Halsman Estate.

序言 祕密

奧黛麗·凱瑟琳·赫本—羅斯頓離開我們近九年，我才動筆寫這篇序文。她曾是——或許我該說，她永遠是——我的母親。一九九三年一月廿一日，她去世後的第二天，我就開始寫作本書，然而卻花了近四年時間，初稿才成篇。

實際的寫作可能花了幾個月，但寫作前和過程發生的事，卻花了我一些時間。現在，我可以很肯定的說，任何失怙失恃的人，都能執筆成書，而人遲早總會喪親。我想這恐怕是我畢生所寫唯一的一本書，在寫作過程中，一周一周、一月一月、一年一年過去了，你可能會覺得靈感枯竭，但卻還不到「創作瓶頸」的地步，因為這本書寫的並不是你，而是世間比你更寬更廣更多的一個人！以我為例，這書談的是我的至親最愛，是帶我來到世上，在我掙扎求生之時，一次又一次拯救我的人。然而到頭來，我卻無力幫助她，無法拯救她。因此我只能不斷地翻揀這些文字，它們就像在我故事之河中的鵝卵石一樣，我希望這些光滑的石頭浮出水面，值得讀者花時間細究，不辱她在天之靈。我希望讀者了解真正有意義的一切，但我想要採取不會驚動芳魂的平靜方式。

有人說，人的器官各有不同的壽命，比如我們的肺，最聽話最有用，壽命卻最短，大約只能存活六十年。而腦部，我們所用到的部分不及其潛能的百分之十，因此也是最少發揮的器官，是我們最大的負債，壽命卻可長達一百五十年以上。在寫作本書期間，我卻發現了一個振奮人心的新事實：

AUDREY HEPBURN AN ELEGANT SPIRIT: A Son Remembers

我的記憶會遠比這一切都長久。

遠在我死亡之後，或甚至遠在我的腦死亡之後——當然是遠在我肉身腐朽甚久之後（也因此我在猶豫死後究竟該火化，抑或用棋盤陪我土葬），我還會記得這一切……，以及所有的氣味。我闔上雙眼，在喧囂之中，憶起她的氣味：芬芳、高雅、安全、堅強，毫無保留的愛的氣息。我朝下俯視，看到她細緻的雙手，皮膚細薄，血管依稀可見，她的指甲圓圓的，細細的，乾乾淨淨。這就是曾經牽過我，抱過我，和我說話的雙手。它們撫愛我，牽我上學，讓我在害怕的時候緊緊抓住。唉，我多麼想念它們！我願放棄一切，只要能再一次感受它們撫摸我的頭髮……，在夢中。

究竟怎麼回事？我依然頭暈目眩。若你的母親是奧黛麗・赫本，難道你不會有這樣的感覺嗎？我母親在一九九三年去世，然而……，她依然無所不在：隨時隨地，在電視上，在錄影帶店裡，在雜誌上，在書店裡，在機場和公路的廣告看板上，在都市鬧區的公車亭裡，在我和每一個人的話語中，在我的字裡行間，在我的腦海——尤其自我開始寫本書以來。偶爾，她也會在我的夢中出現。

談到實際人生，她體重一百一十磅（五十公斤），身高五呎七吋（一百六十七公分）。

我們對她的回憶都是美好的，多麼幸運。它們留下輕柔的痕跡，就像陽光滿溢的空房間，溫馨滿室。它就在那裡，時而強烈，時而輕緩——是甜蜜和悲傷的完美組合，她的甜蜜，她的悲傷。

我為此書沉吟甚久——該不該發表書中內容，讓我苦惱不已。九年過去了，我已經學會接受它。我把這一切告訴讀者，因為沒有什麼好害羞可恥的，也因為它或許有助於其他人。

母親有個祕密。

我想她不會在乎我說出這個祕密。人在事後，往往能看得更清楚。所以，下面就是這個大祕密。

她一生哀傷。

並不是因為她的人生悲涼，所以哀傷，她的人生雖然艱苦，但卻美好。母親哀傷，是因為她見到了這世界孩童的遭遇。我想我們全都使她更加哀傷，沒錯，你，和我。並不是因為我們不好，而是因為我們幫不上忙。要不是她晚年參與聯合國兒童基金會的工作，我就不敢這麼肯定。現在我也在為兒童服務，我也感到哀傷。因此，此書也會談及這兩點：哀傷和兒童。這不是什麼了不起的組合，而是不得不然的組合。我想若你得知此事的全貌，你也會覺得哀傷。因此我不打算這樣做，免了大家對哀傷和兒童的全盤了解，但我會透露一二，恰巧足夠。

不必擔心，你們依然可以微笑。微笑是歡笑的完美境地，你們也可能掉幾滴淚，但哭泣有益你們的眼睛和靈魂，它能美化一切。

下圖：1960年，幾周大的西恩在家中，媽媽的懷裡。梅爾・法拉（Mel Ferrer）攝。

xi

xii

序言 祕密

緒論 頰上的吻

這是個小女孩的故事，母親灌輸她勤奮和誠實的價值。

這是個小女孩的故事，父親在她六歲時離家出走。

這是個兒童的故事，她在二次大戰時期成長，食物匱乏，貧窮缺錢，這滋味她永生難忘。

這是個少女的故事，她不但辛勤工作，也因命運之神的眷顧，被伯樂發掘，與頂尖的演員、作家，和導演為伍，由於他們的眼光和才華，使她終於出人頭地。

這是個演員的故事，她總是一大清早，約莫四、五點就起床，比其他人更努力，以彌補自己的不足。

這是個明星的故事，這明星看不到自己的光芒，只覺得自己太瘦，鼻子不夠挺，腳丫子太大。因此別人的關懷注意，只讓她感到榮幸、感激，因此她總是準時，總是背好自己的台詞，總是以禮貌和尊重對待周遭的每一個人。

這是個長大成人的女兒回報父親的故事。她尊重父親即使在她成名之後，依舊未與她聯絡的事實，這位父親雖然有二十年的時間未曾參與她的生活，但她依舊照顧他，直到他臨終。他的政治觀點也和她格格不入。

這是個傷心妻子的故事，她兩度對婚姻失望，部分是因為她無法弭平父親留在她心中的傷痕，這傷在她年幼之際，就讓她心碎。

這是個全心盼望家人永遠聚在一起的女人的故事，她愛她的狗、她的花園，

和一盤簡簡單單的茄汁義大利麵（食譜請見第33頁）。這是個平鋪直敘的故事——這正是我母親從未寫過她生活的原因，她認為她的一生太平淡、太簡單。

沒有醜聞八卦，怎麼能寫「好萊塢」傳記？她最後一位，也可能是最有良心的一位傳記作者貝瑞‧巴利斯（Barry Paris），就在她傳記的前言中寫道：「奧黛麗‧赫本既是傳記作家的夢想，也是夢魘。沒有任何女影星像她這樣備受推崇——因她銀幕上的表現，和她銀幕下熱情的貢獻，啟發別人，也受到啟發。她深受影迷喜愛，幾乎沒有任何人對她有任何微詞。她最糟糕的作為，就是在一九六四年奧斯卡獎頒獎典禮上，忘記提及一同演出的派翠西亞‧尼爾（Patricia Neal）。她沒有任何不堪的祕密，也沒有什麼不可告人的言行。在她溫暖善良的表面下，隱藏的是更多的愛心和溫馨。」

我母親非但自己從不寫傳，也從不請人寫傳，另一個重要的原因，就是她不想讓其他人的私生活曝光。若她真要寫自傳，必定會百分之百誠實，因此可能會傷及他人，她無法忍受這點。她的文筆很好，談吐高雅優美，這是她畢生演藝生涯的基礎。但她卻非常自謙，若由她自己作傳，很可能會避談許多她覺得平淡無奇、無足輕重的層面，她會不自覺地跳過它們，但這些簡單純樸的事物卻正是人生的本質。

xiv

我還無緣拜讀關於我母親的七本傳記，只讀了巴利斯那本的一部分，不過我想先更正兩個常聽到的小錯誤。雖然這兩處非關緊要，但卻足以說明這些傳記作家杜撰事實的工夫，以及旁人不分青紅皂白亂抄一通的情況。

有些傳記說，我母親出生時，取名艾達‧凱瑟琳‧赫本—羅斯頓，後來才改名奧黛麗。要由她缺乏精采衝突矛盾的一生，杜撰出劇力萬鈞的故事，對任何作家而言，都是難如登天的任務，因此這一點資訊，讓作家如獲至寶，是他們急需的證明，說明她在如此稚齡，就有不誠實的行為。但我有她的出生證明，上書「奧黛麗‧凱瑟琳‧羅斯頓」。她的父親約瑟夫‧維克多‧安東尼‧羅斯頓（Joseph Victor Anthony Ruston）在二次大戰後，找出祖籍文件，其中有些祖先冠有赫本之名，因此他把它加入自己的名中，也使我母親必須把赫本一名加入自己

的姓名。至於她為何取名艾達，則是另一個故事。我外祖母在戰時曾把我母親的名字由奧黛麗改為艾達，因為她覺得「奧黛麗」這名字聽起來英國味太濃。在戰時荷蘭淪陷區，身為英裔可不是什麼好事，可能會引起佔領者德軍的注意，受到拘禁，甚或驅逐出境。外祖母艾拉（Ella）把自己名字中的兩個l改為兩個d，所以變成艾達（Edda）。由於當時大部分的文件都是手寫的，艾拉可能就有一份手寫的身分證明，很容易竄改，讓我母親出門時帶在身上，只要把兩個小寫的l字母，加上兩個c就行了。再塗改一下出生日期，艾拉是一九○○年出生，而我母親是一九二九年——於是就有了一張艾達・范・希姆絲特拉的身分證。外祖母很有才略。

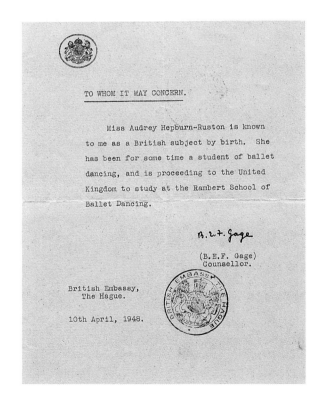

左圖：奧黛麗・赫本—羅斯頓，1948年英國大使館文件。主旨：奧黛麗在芭蕾學校就學，以及她的英國身分。

XV

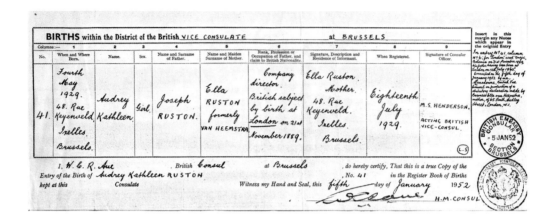

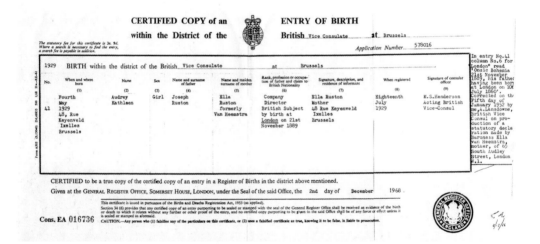

上圖：奧黛麗的出生證明。1952年1月5日由英國駐布魯塞爾大使館領事手寫證明。

下圖：奧黛麗的出生證明，1968年12月2日，打字本。

右頁：1936年，奧黛麗・赫本的第一本護照。英國兒童的護照通常附在父母護照裡，直到及齡。護照中記載，頭髮顏色：棕；眼睛顏色：棕；特別處：無？（拜託睜大眼睛找一找吧！）

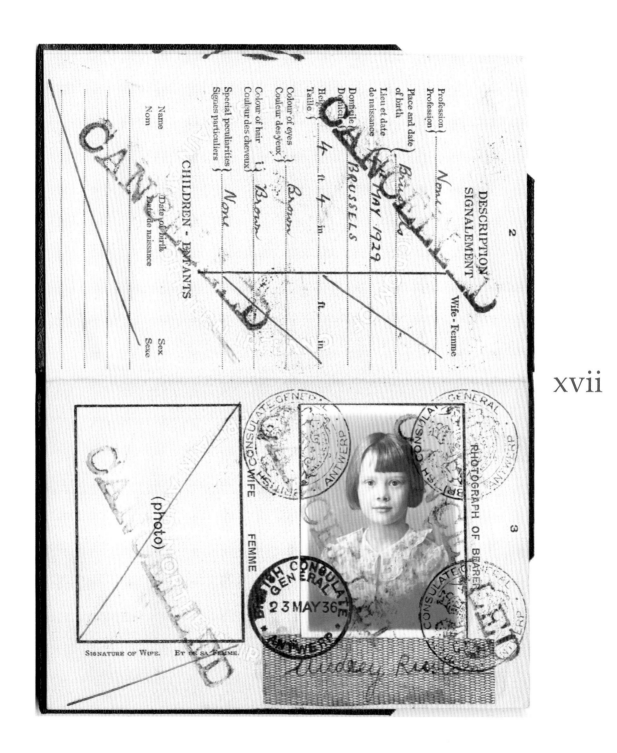

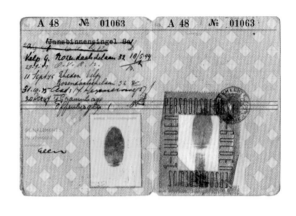

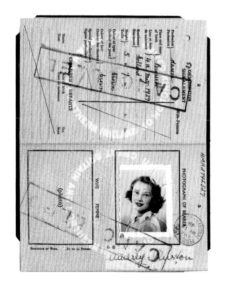

xviii

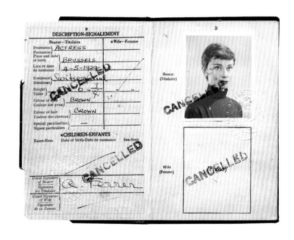

上圖：奧黛麗 1944 年的國民身分證，二次大戰期間所發。

右下圖：奧黛麗 1955-65 年的英國護照。

左下圖：奧黛麗 1946-51 年的英國護照。

緒論　**頰上的吻**

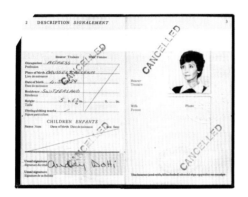

左上圖：奧黛麗1964-74的英國護照。　　　右上圖：奧黛麗1982-92的英國護照。

左下圖：奧黛麗1974-84的英國護照。　　　右下圖：奧黛麗1988年的聯合國護照。

AUDREY HEPBURN AN ELEGANT SPIRIT: A Son Remembers

右頁：這封信所提及的文章登在1991年5月份的《浮華世界》，
作者為多明尼克‧鄧恩（Dominick Dunne），
照片由史蒂文‧梅瑟爾（Steven Meisel）所攝。

　　奧黛麗這個名字很特別，即使在英國亦然。而在當時，任何特別的事都可能
會被當作和猶太人有關，當時「官方」很可能會「發配」任何不尋常的人物，因
此我外祖母保護母親的做法合情合理。

　　更微不足道的一個錯誤，是先前有一本奧黛麗‧赫本傳寫道：「奧黛麗‧赫
本之子西恩於一九六〇年一月十七日誕生，她欣喜若狂。」接下來大部分的傳記
作者也都重複同樣的錯誤，這個資料其實無足輕重，只是我的旅遊經紀人兼好友
珍娜原本以為我們倆同一天生，後來我告訴她不是，讓她相當失望。其實我是在
一九六〇年七月十七日，而非一月，成為這偉大女性之子。

　　母親若聽到「偉大」這個詞，一定會卻步，但我找不出其他字彙來形容我多
麼驕傲能成為她兒子，也為她對我們整個社會的貢獻而自豪。

　　因此她從未寫過傳記。在她晚年，曾想為我弟弟和我留下一點關於我家的資
料──所有特別人、事的紀錄，但她忙於聯合國兒童基金會的工作，抽不出時
間。

　　一九九一年五月九日，「快手」歐文‧拉薩（Irving Lazar）這位出版界傳奇
經紀人，曾寫了如下這封信，對她做了最後一次的求懇。我乾脆把它原文照錄，
信中不但說明了他們的友誼有多麼深厚，也展現了他多麼具有說服力。

緒論　**頰上的吻**

欧文・保羅・拉薩

一九九一年五月九日

親愛的奧黛麗，

　　自林肯抵達白宮以來，我畢生從未見過社會大眾對任何人展現如此的熱情和推崇。我之所以提到林肯，是因為紐約《每日新聞報》斗大的標題：「奧黛麗・赫本在林肯中心獲得如雷掌聲」，文中詳敘《窈窕淑女》中的賣花女終於實至名歸。「昨夜林肯中心的影藝協會向《窈窕淑女》中的這位明星致敬，頒發年度獎項給傳奇人物奧黛麗・赫本。」

　　接下來它洋洋灑灑向下寫。其實這篇文章最可貴的，是它並非由收了錢的出版經紀人運作的結果，好為他們的客戶掙得一塊版面。你沒有出版經紀人，也沒有公關團隊，逼著大家認可他們的客戶——這種事絕不會發生在你身上。你只是為了有價值的活動現身，不論是電影節或是慈善活動，而獲得讚賞。

　　在這特別的場合，社會大眾的熱情更甚於以往，這點就很特別，因為如《浮華世界》所說的，一般在某一行裡待久了的人，往往得不到群眾的熱愛，而你所受的愛戴不只來自於你的電影生涯，也來自你為聯合國兒童基金會所作的人道活動。

　　這實在是獨特的成就，我不只對你的表現印象深刻，而且身為你的朋友，更為你所獲得的推崇歡喜。我早已向你提過這點，這不足為奇。我也清楚記得在現代藝術館的表揚會，同樣表彰你的貢獻，呈現對你的情感和推崇。即使當你參加表揚其他人的聚會，只是單純的旁觀者，依

xxi

然不費吹灰之力，就搶走所有的光采。對所有愛你、欣賞你的人而言，永遠都會是這樣的情況。

我要用書面記下我要說的話，這樣你才有機會好好思考，不會斷然拒絕你該寫書的提議。

第一，《浮華世界》這篇文章，一如往常，值得一讀。布朗是我好友，我問過她那一期的雜誌銷路如何，她說比平常好。大家買那本雜誌的原因，是為了封面上那明艷的臉龐，我也很喜歡內頁的照片。報導本身寫得不錯，可以當作你的書三分之一的內容。若你能由其中選錄一些你自己並不常談的內容，那麼這本書根本就可以說是你的書。若要你無償投入，寫作這麼長的文章，似乎不太公平。

這篇文章的本質、目的，和內容，正符合你的書該有的面貌。我已經告訴你許多次，沒有人會期待你寫出和這篇文章不同內容的書，你毋需爆什麼內幕，也不必責罵任何人，只要做你自己，而這就是那篇文章描繪的你。書也沒有理由不這麼寫。唯一的不同是，你不會得不到報償，而會有三百萬美元左右的收入，你可以用這些稿酬做一些事，何況在稿酬之外，出版商無疑也會捐贈一筆款子給聯合國兒童基金會，這很重要，可以做好些用途。

我讀過好幾本談你的書，全都是奧黛麗·赫本影迷協會的讚譽之詞。要順帶一提的是，我們可以用另一種方法寫書，不必完全是你的說法，你的口述。我們可以採取訪問的方式，讓其他人描述他們對你扮演各種角色的印象——不論是演員、母親、慈善機構的工作人員，或是其他演員的典範。你在許多方面都獨一無二，可以由其他人來說明、形

容，這樣你就不必以第一人稱的身分談你不想談的自己。讓別人來說，這樣你就不會因此書而感到不好意思。然而它依然是你的故事，是由別人探索，談他們所認為而非你所認為的你。其實《浮華世界》這篇文章就是這麼做的，作者掌握了許多的資訊，因此能活靈活現地掌握你的面貌。

你可以用自己的語調來描述或反思你眼中所看到的人生。這本書在形式上，可以是感想、意見，而非傳記，可以是你所看到社會價值的省思，可以談你欣賞的男演員或導演。換句話說，這本書有哲學的意涵，而非僅是傳記而已。

這本書要的是你對人生各層面的省思——或者隨你想要談什麼。畢竟，你不必迎合任何人，不必允諾任何事，也不必透露任何你不想說的內容。這本由奧黛麗・赫本署名作者的書，所有的資料就和《浮華世界》那篇文章一樣，但是否更深入，則由你取決。你不必花半年的時間就可完成，也不必孜孜不倦連續寫作不輟，只要在一段期限內完成即可。我們可請一位你喜歡的作家，或許就由《浮華世界》那位作者執筆，這個工作非常簡單，完全不會花你太多力氣，而且又有你的魅力。就這麼說。

請考慮看看，親愛的，向你和羅伯致意。

誠摯的，

歐文・保羅・拉薩

一本關於「哲學」的書！就某方面而言，這其實正是我想做的。這幾年來，一直有人問我，這本書究竟在寫什麼？我總回答：「它是以我母親在世最後幾個月的生活和對話為媒介，探討她的哲學和信念。」

　　雖然她曾考慮過寫出關於她家庭、生活和在聯合國兒童基金會的經驗，但從未有機會動手，因此也從未收到我相信她一定會捐出的那三百萬美元稿費。如今我寫作此書，版稅當然不能與她相比，但仍屬豐厚，我已經把它們悉數捐給奧黛麗‧赫本兒童基金會。

　　在坐下來動手寫作之前，我深思了許久。若她為了我前述的種種原因不寫這本書，那麼或許我也不該寫，這是她的人生，她的隱私。我並不想以別人為題材，指摘他人的不是。因為第一，並沒有這樣的人，就算有，她也沒有告訴我們。我想要寫的是她，寫她究竟是什麼樣的人。她真真切切就像你在電影上看到的角色：多愁善感、勇氣十足、細緻優雅、浪漫多情。不過能獲得印證總是好的。

　　因此本書並非爆他人內幕的書，而是由其他人談她的書。

　　這本書或許無法吸引嗜八卦成癮的讀者，而是獻給像她一樣，努力追求快樂和簡樸生活的人。

　　在這本書裡，我們探索的是一顆溫柔的心，是一個備受關愛的兒子回想和世上最偉大母親和朋友所共度的三十三年辰光。你在大銀幕上所見、所感受到的她，不只是經過寫作、執導、拍攝、剪輯之後呈現在大銀幕上的表演，而且清晰地呈現了一位真正奇妙的人，值得迄今依舊在全球各地觀眾心中流轉不息的溫馨情感。

　　家母密友，大導演比利‧懷德（Billy Wider）說得最好：「上帝吻了她的頰，她就現身在我們眼前。」

緒論　**頰上的吻**

上圖：奧黛麗‧赫本1951年攝於巴黎。艾文‧潘（Irving Penn）攝。
Copyright © 1951 (renewed 1979) Condé Nast Publications.

AUDREY HEPBURN AN ELEGANT SPIRIT: A Son Remembers

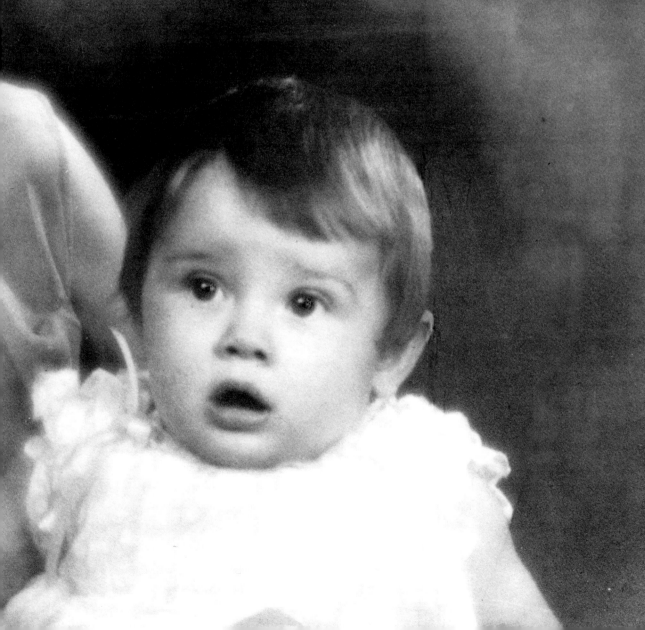

第一章　情感渴望

　　「如果我要寫自傳，」母親曾告訴我：「那麼開頭會是這樣：
一九二九年五月四日，我生於比利時布魯塞爾……，六周後，卻死
了。」

　　才六周大的奧黛麗罹患嚴重的百日咳，她母親艾拉・范・希姆絲特拉是基督
科學教會的忠實信徒，遵從教義，並沒有帶她去看醫生，只想藉祈禱治癒她，可
是奧黛麗的情況越來越糟，最後在驚天動地的咳嗽之後，奧黛麗停止了呼吸。

　　就像其他兒童愛聽同一個故事重複一遍又一遍一樣，奧黛麗多年來常常要媽
媽艾拉講述這段她差點死亡的故事：寶寶全身逐漸發青，艾拉拚命拍打她的小屁
股，讓她起死回生。這是多麼有意思的信仰故事：以現代醫學的眼光來看，艾拉
竟然不肯讓奧黛麗接受醫療，實在不合情理。然而只靠幾下子拍打，再加上虔誠
的信仰，竟讓小奧黛麗重返人世。

　　不過我母親覺得，除了這件事之外，她的人生實在平鋪直敘，乏善可陳。她
母親以維多利亞時期嚴格自律的風格教養她，規定她不可招搖。她母親很可能常
責備她：「你這孩子！沒什麼意思。」

　　因此她勤奮工作，她是好母親，扮演其他種種角色，也都盡善盡美。

　　每隔幾年，就會有人——通常都是拉薩，開出更好的條件，如上一章信中所
提的，邀她寫自傳，他總會說，她可以在書中暢所欲言。

　　他會提到她曾為電影或聯合國兒童基金會所作的電視專訪。在那些專訪中，
她談到她的生活、工作，或者她在專業領域的經驗。如果問到她的少女時代或她
加入聯合國兒童基金會的動機，她總會談及二次大戰時的經歷，她親眼看到親友

3

AUDREY HEPBURN AN ELEGANT SPIRIT: A Son Remembers

所受的磨難，他們喪失我們視為理所當然的一切：和平、自由，和民主。她曾向我們描述，在沒有糧食時，她的兄弟只能吃狗飼料，有的人啃鬱金香的球莖，那時的麵包是綠的，因為他們僅有的麵粉是用豆子磨的。有時她會整天待在床上讀書，以忘卻飢餓的滋味。

　　她童年時所經歷的恐懼，都歷歷如繪刻畫在她心版上。她大戰時期一直都待在荷蘭小城安恆，當時受到德軍侵略，糧食十分短缺，他們一家只好搬到郊區她外祖父那裡。她的外祖父曾任安恆市長，雖然在那個時節，這個頭銜恐怕有害無利，但他們全家都覺得，在猛烈的轟炸之下，外祖父那裡會比較安全，這使他們更接近農村。附近的農夫種了一些農作物，養了一些牲畜，農產品雖少，但還有多餘的可以賣給這批城裡人。她記得有錢人拿出最珍貴的財寶來交換食物。後來索價過高的人被控趁火打劫，但在那個時節，就是有珍珠項鍊，也不能當飯吃。

　　其實，在二次大戰後半期，和她共度她最後十二年生命的荷蘭人羅伯·沃德斯（Robert Wolders）也住在安恆市郊，只是他們倆當時從未謀面。他們都還記得下面這個軼事：有個農夫用農產品換來許多奇珍異寶，於是他在地下挖了個貯藏室，塞滿了珍貴藝品和古董，等到戰爭結束，荷蘭解放之後，他去取自己的財寶，卻發現一切都泡水全毀了。

4

右頁左圖：約瑟夫·維克多·安東尼·赫本—羅斯頓的父母與祖父母——他們讓他降生到人類世界，最後他卻「失聯」。生活照。

右頁右圖：奧黛麗的外祖母和外祖父，攝於1936年7月。奧黛麗的父親在二次大戰爆發後不久離家，外祖父取代了父親的角色，關懷她、愛護她，直到她的少女時代。生活照。

第一章　**情感渴望**

對我母親而言，大戰結束，讓她首次接觸到聯合國兒童基金會。「二次大戰時我待在荷蘭，德軍佔領了當地，食物越來越少，」她說：「最後一個冬天最糟糕，那時食物極其稀少，就算有，也都被軍隊徵收去了。雖然，營養不良離飢餓而死還有一段距離，但我當時營養非常非常不足。然而在戰後有個組織非常迅速地隨紅十字會來援助我們，這組織後來發展為聯合國兒童基金會，為我們帶來食物、醫藥和衣服。所有的學校都變成救濟中心，我就是受惠的兒童之一。我由此認識了聯合國兒童基金會。」

在歐洲各國中，荷蘭被德軍佔領的時間最久，它是最早被侵略卻又最後被解放的國家之一。解救荷蘭最關鍵的一役，是盟軍在安恆發動的戰役，後來拍成電影《奪橋遺恨》。多年後，我母親在我的父親梅爾‧法拉製作的《盲女驚魂記》，飾演被瘋狂殺手盯上的盲女，該片導演是以拍攝早期007影片出名的泰倫斯‧楊恩（Terence Young），他發現我母親戰時正在安恆，而他當時是英軍的戰車指揮官。就在二十年前，砲轟她所棲身的安恆，正是他的職責。

我母親和楊恩因為這層關係結為莫逆，兩人常互開玩笑。楊恩常說：「要是我當年朝左邊瞄準一點，現在就要失業了。」但母親私下卻寧可置身密集轟炸的那段時日，因為先前她每一次看到納粹軍隊和後來的親衛隊唱著軍歌，雄糾糾氣

5

昂昂的走過，就感到恐懼，而盟軍的砲擊卻解救了她的恐懼，為她帶來了自由。

　　常有人問我，在這段戰爭歲月中，奧黛麗‧赫本是否真的曾協助荷蘭人民反抗德軍？她的父親真的是法西斯主義者嗎？我母親總以她一貫溫和的態度來回答第一個問題。是的，就像其他兒童一樣，她也盡力協助反抗德軍。是的，她偷偷把傳信的紙條藏在鞋子裡，因為兒童比較不會啟人疑竇，士兵往往不會攔住他們搜身。我還記得她告訴我們，她見到許多猶太家庭被送上火車，她永遠也忘不了這幅景象：一個身穿紅外套的小女孩消失在貨車大張的門內。多年後，我去觀賞史匹柏描述這段時期的感人巨作《辛德勒的名單》，不由得想到這個故事。這部片子是黑白片，但在開場的那一幕，有個穿紅外套的小女孩──那是整部片子唯一有的色彩。至於第二個問題，她的回答是：是的，她的父親是法西斯主義者，她的母親也是。但那是在戰前。法西斯主義之所以在這麼短的時間內風起雲湧，就是因為當時的人認為支持這種新式政府，是時髦風雅的事。共產主義和法西斯主義是出於對皇室政權的不滿而生，而皇室政權和現在所知的民主政權幾乎毫不相關。對於重新闡釋這些運動、揭竿而起的思想家，我們該認可其革命的直覺和願景，雖然我們也同樣得譴責這些運動後來的發展。戰爭爆發之後，我的外祖父

7

左頁：1953年12月21日，奧黛麗‧赫本在聯合國，透過聯合國廣播節目為聯合國兒童基金會錄製節目。UN/DPI photo.

左圖：約瑟夫‧維克多‧安東尼‧赫本—羅斯頓。攝於赫本出生之前。生活照。

遠在英國，被軟禁在曼島，後來又轉往愛爾蘭，但並未前往德國。他和我的外祖母都沒有支持大戰或是大屠殺。他們或許擁護某些法西斯的概念想法，各自支持這方面的政黨，但絕未傷害任何人，或在知情的情況下擁護這樣的制度。我的外祖父寫了一本關於塞爾特人的書，稱塞爾特人為法西斯思想的先驅。我曾想拜讀，但實在難窺堂奧。

　　然而這一切都使我母親對她父母的政治和社會觀點深惡痛絕，也因此，她任我們家族的貴族頭銜隨著我外祖母去世而深埋入土。她們搬去我曾外祖父的家。他在我出生前三年就已經去世，因此我從未見過他。我母親很少談到過去，但卻提到她的外祖父是彌補她父親的男性角色，他給了她所需要的關愛。即使在她父親離去二十年後，和她團圓之際，他依然無法展現或表達他對她的愛和讚賞。

　　透過紅十字會追蹤我外祖父下落的人是我父親。他和我母親常常談到這件事，而他也感受到這是她生命中未解的一大心結——的確如此。最後消息傳來，紅十字會找到現居愛爾蘭的外祖父。我父親還清楚地記得他撥的那通電話：我外祖父來接電話時，立刻明白我父親是誰，因為他雖人在遠方，卻藉著報紙，對他女兒的生活動態和事業發展瞭若指掌。他很仔細地聽我父親解釋，雙方若能安排一次會面，或能讓他和我母親消除闊別多年所造成的隔閡。約瑟夫・維克多・安東尼・赫本—羅斯頓回答說，他很樂意見見女兒，因此雙方議定會面的時間地點：都柏林雪爾本旅館大廳。於是，我的雙親由婚後定居在瑞士琉森的家，飛往都柏林，住進該旅館。就在午餐前，約定的電話響了。

　　我母親最後一次見到她父親，是在戰爭初始之際。她在英國的農場避暑，戰爭爆發那一天，他跑來接她，匆匆送她到一個小機場，讓她登上最後一批離開英國的飛機。她還記得飛機的顏色是荷蘭的國色——橘色，而飛機的目的地正是荷蘭。當時大家都以為荷蘭是中立國，應該比較安全，沒想到事與願違，三天之後，德軍就突然出兵攻佔荷蘭。飛機低低掠過海峽，奧黛麗也把向來遙不可及的父親最後的身影深深刻畫在心版上。

　　於是，我父母親下了樓，外祖父就在那裡，站在大廳，看起來老得多了，但

上圖與下圖：這兩幀照片的時間相差逾二十年。她得要知道一切究竟是怎麼回事。然而她卻發現教人難過的事實：父親根本不知道如何付出情感。生活照。

一身格紋西裝，依然高雅出眾。我母親立刻就認出他來，但他卻硬梆梆地站在那裡，既不能朝前走一步，也無法抬起手臂，更不用說擁抱她了，他這樣並不是因為太激動——他根本就無動於衷，他一向都是如此。

　　她整個童年所期盼渴望的這個對象，其實是個情感上的低能兒，所以我母親採取了主動：她上前擁抱了他，心知一切只能如此。她出於直覺，在剎那間就決定原諒他，她已經釋懷，不再為他對她的歉疚抱憾。他們重逢時，並未流下欣喜的淚水——因為她太清楚，這會使他不自在，因此她把它們壓抑下來。那一天接下來——午餐、下午，都是溫文有禮的閒聊。我父親以上古董店為藉口，讓他們父女有時間獨處。

　　等我父親回到旅館，卻發現奧黛麗正在大廳等他。她和她父親已經聊完，他已經離開了。在回家的旅途中，她謝過我父親，說此行總算解開她的心結，她又說，

9

她此後不必再見到她父親了。她母親在大戰期間說了他不少壞話，說他無故棄家而去，說他完全未供養家庭。她得親自證實，而如今她親眼看到，的確，他什麼也沒有提供。

就我對母親的了解，她應該不會「大哭一場」，她會把它省下來，或許在不知不覺中，會用在銀幕上。

不過她依然奉養自己的父親，直到他去世，這是她比他多年來不聞不問高明的一點。她有很執著的原則，信守不渝：不論你的情感好惡，該盡的義務就得盡。

多年後，在我母親和沃德斯開始交往後，外祖父病重瀕死的消息傳來。自他們都柏林之會後，她只再見過他一次，他到瑞士我們的家「和平之邸」來作客，盤桓了一兩天。我想他之所以會來，一方面是因為我母親希望他見見我，看看我們所住的地方。我對他還略有印象：非常嚴肅，教人一見難忘。

於是她二度赴都柏林，這回是與沃德斯一起。她知道她父親的病情惡化很快，也在他病房裡停留了一陣子，但他依然無法談他人生中那些攸關緊要的問題，反而提起他的馬，即使當時他已經不再養馬了。許多關於我母親的傳記都說他是銀行家，其實他從沒有什麼正經的工作。他是業餘玩家，而且十八般武藝樣樣精通。他是傑出的騎師，也會飛滑翔機，還會說十三種語言，知識淵博，而且熱愛發明創造。雖然他還是無法向女兒表達他的情感，但卻告訴沃德斯她在他心目中的地位，他多麼後悔自己沒有盡到作父親的責任，以及他多麼以她為傲。

母親和沃德斯離開愛爾蘭之後沒幾天，她父親就去世了。這回她沒有回頭，她沒有留在那裡參加他的喪禮，因為他們不知道他還能撐多久，也不希望招來媒體，使一切更加複雜。在她而言，「她的」父親早就已經去世了，她早已經把他埋葬。

由許多方面看來，我母親的婚姻，不論是和我父親梅爾‧法拉的頭一次婚姻，或是和盧卡（Luca）的爸爸安得烈‧多堤（Andrea Dotti）的第二次婚姻，都延續同樣的模式。這兩人的母親都是聰明傑出的女強人，她們在情感上受過傷

害，由於她們的成長背景、教育，及當時的社會規範，使她們無從與子女建立深刻的情感。她常用「食物無法消除的情感飢渴」，來形容她在聯合國兒童基金會所見到的兒童，而她也深諳這種病態的徵候，因為她和他們屬於同一陣營，有同樣的背景。她自己親身經歷這些，使她產生本能的欲望，要和她的伴侶分享，要協助他們彌補那失去的環節。她未能完成這個任務，一定萬分失望。我們全都找到不同的方式來適應困境：我們就像長在大樹蔭下的小樹一樣，各以不同的方式扭曲樹幹樹枝，以迎接陽光。在她內心，隨時隨地都有個不斷吶喊、要求擁抱關愛的孩童，因此她不明白：其他人會用不同的方法來面對這種飢渴。她內在浪漫的本質，讓她從不開口要求別人滿足她的渴望。她希望它自然而然的來，就像別人自動自發的送花給她，而不是由她伸手索討而來。

我認為兒童和父母最初的關係，因這種關係而建立（或未建立）的愛與信任，正是塑造我們、支持我們這一生情感世界的基礎，正是我們和父母共有（或缺乏）的信任，讓我們為自己的未來能不能愛，作出了抉擇。如果這最初的關係不完整，我們這一輩子就會受情感飢渴的折磨，最後只會指責別人不肯滿足我們，而其實，他們自己根本沒有辦法做到。如果作父母的根本就不在我們身邊，我們又該如何面對這一切？她太明白這一切：若我們不先關愛自己的子女，不給他們開始的機會，那麼我們又如何挽救我們自己的世界？沒有人教我們如何面對我們的情感，如何辨識出這些可能毀滅我們關係的契機。然而，我們全都各顯神通，得過且過。我們全都學了一些巧妙的方法，避開這些問題，把我們情感的痛苦推到他人身上，責怪他們，認為一切都是他們的錯。

不過這兩段婚姻，依然有許多快樂的時光。

雖然當時我年紀太小，記不得父母相處的甜蜜時刻，但他們都曾提到浪漫的夜晚，燭光搖曳，輕柔的音樂流瀉。大家常為我父親貼標籤，認為他是我母親的畢馬龍（Pygmalion，希臘神話中的雕刻家，愛上所雕出的美女，後經愛神之助，雕像活了起來），或許是因為他是不折不扣的完美主義者。他雖然有傑出的頭腦與偉大的心靈，個性卻很難相處。但他的品味卻是無與倫比，尤其在題材和

11

12

上圖：父母親新婚時，菲立浦・哈斯曼攝。
© Halsman estate.

第一章　情感渴望

拍片方面，他都給了母親很好的建議。

我明白他們相互之間深深的關愛，也知道愛和幸福的夢想破滅時，兩人所經歷的痛苦。她後來說：「愛是行動，不是空談，現在不是，以前更不是。」這話多麼真實。她還說：「我們天生就有愛的能力，只是這種能力需要鍛鍊，就像鍛鍊肌肉一樣。」正是這兩次婚姻失望的累積效應，再加上她與沃德斯交往關係的新希望，讓她得到了動力，使她能擔起重任，協助這個世界上不幸的兒童。若她無法治療已經僵化的成人，那麼或許還有機會挽救孩童。

我還記得我們在羅馬的快樂生活，那時她已經嫁給多堤，她的第二任丈夫，也是我弟弟盧卡的爸爸：我們全家聚在一起用餐，輕鬆愉快地討論一切大小事。這些回憶將永遠珍藏在我心裡，不只因為多堤是很棒的繼父，也因為我們真的是幸福的家庭。我的「二媽」：麗莎・蘇可婷（Lisa Soukhotine），也是我繼父現任的妻子，她教我用這個可愛的詞，也讓我明白這個詞所描述的關係多麼親切，多麼豐富。母親和多堤在婚姻結束之後依然是朋友，或許是因為她這一次的失望不如對我父親的失望之故。她和我父親這許多年來罕有聯絡。頭一次夢想破碎，往往傷得最深。她很想和多堤維持友誼，這樣兩人都可以繼續教養盧卡。

不論如何，我們都不該責備任何一方。兩個靈魂不能合而為一，徒留悲傷。父親不在身畔所留的虛空，對她兩次婚姻失敗，該負同樣大的責任。如今我們只能由其中學得教訓，這有點像薛西弗斯的神話，薛西弗斯不斷地把大石頭推上山頂，但不論他多麼努力，若他不諳門道，就永遠無法征服那最後幾呎山頭。另一方面，正是這種渴望，這種被愛的誠摯需要，讓她成為不分男女都喜愛，都希望保有的脆弱幻想。

我母親全心全意的愛她丈夫，而且盡力維繫婚姻。只是她沒有在必要的時候說出來，讓對方了解，而且也沒有為自己訂下適當的限度。她在專制母親的教養之下，已經筋疲力竭，只期待愛和關懷自由流瀉的天地，然而她選擇的那兩個男人，卻還沒學會面對自己的感情，就像她後來所捍衛的那些兒童一樣，那些孩子也因為種種原因，未能施展他們童年應得的單純權利。她的情感世界極其純真：

13

她以為只要盡全力去愛，去關懷，對方就會回報你。然而當我們發現世界其實並非如此時，又是多麼失望。

我還記得弟弟盧卡告訴我，媽媽帶他去參加她好友的喪禮，那時盧卡十四歲，媽媽要他當護柩人。他們要離開時，媽媽想告訴他她的感受，想向他解釋死亡的意義。他凝視她，擁抱她，告訴她他懂。她情緒很激動，因為她的好友死於癌症，而且生前已知和她共度一生的伴侶背叛了她。她很激動，因為她怕老，不是恐懼皺紋，是怕黃粱夢醒。

然而在她自己的人生之中，卻非常堅強：她意志堅決，非常確定自己要的是什麼。有人形容她像戴上天鵝絨手套的鋼鐵雙手，的確如此。她最後十二年的生命與沃德斯共度，他倆有很多共同點，雖然兩人之間也有小小的摩擦、緊張，但他們共同為聯合國兒童基金會努力的經驗，可能足以支持他們直到生命的終點。

因此拉薩一再地鼓勵我母親，就像她接受訪問那樣寫出她的故事。但她是熱切的讀者，非常尊重好的文章，因此反而不敢寫作，深怕寫出一堆無意義的文章。我們每一次在餐桌上討論拉薩最新的提案，她就會結論說，要是大家知道她的生活有多麼平淡，編輯就會要她加油添醋談八卦，因此她不肯。她希望人們尊重她的隱私，因此一旦她有能力，就遠離絢爛的好萊塢，搬到瑞士，享受和其他人一樣待遇的簡樸生活。瑞士是中立國，已經有逾六百年未曾受戰火侵襲，這對她意義深遠。要是她知道戰時猶太人有多少的資產遭瑞士凍結，有些瑞士公司同樣為納粹「第三帝國」製造鋼鐵產品，還有瑞士政府明知把猶太人趕回老家會發生什麼後果，依然把邊界成千上萬的猶太人趕走，她必定會痛心疾首。要保持所謂的中立，必須付出多大的代價！這似乎也意味著真正的中立根本不存在。

第一章　情感渴望

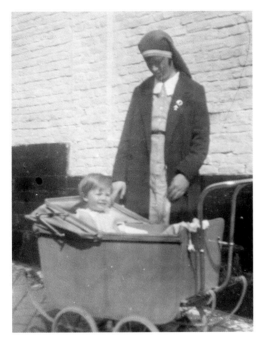

上圖：1930年坐在嬰兒車裡的奧黛麗，旁邊是保母葛莉塔‧漢莉（Greta Hanley）。

上圖：小奧黛麗打扮得漂漂亮亮曬太陽。

中圖：1934年9月30日，奧黛麗五歲，與父親合影。在那個美麗夏暮，她大概不會想到，他竟會在她十歲時不告而別，直到二十四年後再出現。

下圖：1938年5月8日，奧黛麗和洋娃娃合影。（以上全為生活照）

左圖：1932年8月，奧黛麗在
布魯塞爾。迄今我們家還保留
了一組這種美麗的十八世紀荷
蘭手繪木椅。

中圖：1930年代末，奧黛麗和
梅西（Miesje）阿姨合影。

右圖：由於長椅上的文字是法
文，因此我猜這幀照片是在比
利時布魯塞爾所攝，這是奧黛
麗的出生地。

右頁：1937年的奧黛麗。每當我看到她童年的這些照片，就不禁祈禱她的童年無憂無慮，陽光普照，
耳邊充滿悅耳的海潮聲，腳下踩的是暖暖的沙地。這些回憶的確是我們生活的基石。（以上全為生活照）

第一章 **情感渴望**

'The Beach'
'37

左頁：奧黛麗和哥哥玩比手畫腳猜字謎遊戲。這是她未來表演天分的先兆？

上圖：1939年，奧黛麗全家族大團圓。

下圖：1938年7月，羅馬附近的佛雷吉尼。那是個很可愛的地方，海邊就有松樹林。奧黛麗可能一直到戰後數年，才回到義大利。我還記得我們住在羅馬時，周日常全家一起去那裡午餐。

上圖：1937年，羅馬附近的機場。這張照片讓我想起她向我談到多才多藝的外祖父，雖然這些才藝多半都和工作無關。他是個傑出的騎師，會說十三種語言，還會駕駛滑翔機。奧黛麗·赫本常談到她對她父親僅存的印象，她清楚記得和他一起去飛滑翔機，風聲呼嘯，讓她體會什麼叫真正的飛翔。（以上全為生活照）

AUDREY HEPBURN AN ELEGANT SPIRIT: A Son Remembers

奧黛麗‧赫本的畫作

下圖：奧黛麗‧赫本童年的作品，約1940年代。

右頁：1944年奧黛麗‧赫本的畫，署名a.h.。奧黛麗的父親已經為她改了名字。在二次大戰結束前一年，她夢想著可能至少五年以來未曾擁有的純真童年。

Œ H 1944

奧黛麗‧赫本的畫作

左頁：奧黛麗以鉛筆畫她母親，1944年。

上圖及下頁：1940年代奧黛麗童年的作品。

AUDREY HEPBURN AN ELEGANT SPIRIT: A Son Remembers

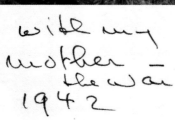

左上圖：奧黛麗與母親，1942年留影。這張照片證明
了人類心靈的彈性。不論情況有多麼糟糕，人依然努
力活下去。（生活照）

右上圖：1940年1月29日在荷蘭安恆舉行的慈善音樂
會《靜態畫》。奧黛麗參加了幾次慈善演出，在這些演
出對荷蘭佔領區的「道德提升價值」背後，是荷蘭地
下反抗組織的籌款活動。曼尼·舒坦能攝。Audrey
Hepburn Estate Collection.

右中圖：1940年1月29日《靜態畫》演出。
左二為奧黛麗，右二則為我的外祖母艾拉。
（生活照）

右下圖：1941年11月11日，音樂會海報。

上圖：1940年代的奧黛麗，可能是在戰爭結束，她們搬回英國後所攝。

左下圖：奧黛麗，約1947年。

右下圖：荳蔻年華的奧黛麗。

右頁：奧黛麗戰後所拍的首批照片之一，1946年。（以上全為生活照）

第一章　**情感渴望**

第二章　追憶逝水

30

「我還記得……」多少傳記都由這幾個字開始，只是我們卻很少讓自己憶起隱藏在表面之下的那一切。然而當我閉上雙眼，任心思飄浮在記憶深處……

我還記得那絕對錯不了的淡淡氣味。如今，在我偶爾打開母親的舊衣箱時，那氣味依舊籠罩著我。我還記得她柔軟的雙手，和那熱烈的擁抱，讓我知道她愛我有多深多廣。

我還記得她的秀髮，和我小時常常趁她在上妝時撫觸的赤裸雙腳。在她非得出席餐會或雞尾酒會時，總會這麼說：「唉，要是我能待在家裡，和你們一起在廚房吃飯有多好。」

我還記得她那些美麗的晚禮服：總是紀梵希的，在羅馬則是范倫鐵諾……，冬天是短大衣，領子翻豎起來……，一九七○年代的方頭靴，夏季穿的棉質長褲和鱷魚牌休閒衫，早上她在家裡穿的長袍和芭蕾舞式便鞋。

我還記得小時候上學，考前衝刺，她簡直比我還擔心。她會在睡前考我，一大清早，睡意朦朧之際，再考一次。

第二章　追憶逝水

AUDREY HEPBURN AN ELEGANT SPIRIT: A Son Remembers

我還記得我考的成績好，她欣喜之情溢於言表，至於「沒那麼好」的成績，她也給我支持和鼓勵。

我還記得周末夜晚，媽媽陪我睡，熄燈之後，我們在黑暗中閒聊，在那稀有而珍貴的時刻，直到其中一個沉沉睡去。我們會談我們的感覺、計畫、所接觸的人和事，這時刻唯有在那黑暗之中獨有，我倆就像兩個徘徊不去的靈魂。

我還記得這所有的一切，這些感受和情緒。那是我母親的世界：感受與情緒，然而她的感受與情緒從來不曾平靜。有人說，感受讓我們行動，而情緒則讓我們反動。她對我們所有的人都懷抱情感，但她卻從來不能釋放情緒，從未得到內心的平靜。就某個程度而言，她的確恐懼害怕，她幼時父親不告而別，在她心底烙下的傷痕永未痊癒。她從不相信愛能持久。

我現在依然可以想像她在廚房裡，準備好吃的東西。她真的盡心盡力，不論在哪一方面，都努力取悅別人，追求快樂，追求愛。

常有人問我：她真的那麼瘦嗎？怎麼辦到的？有什麼祕訣？的確有個祕訣：她在戰時挨了不少餓，但依然繼續學習芭蕾。她的飲食非常簡單，所吃的份量不多不少。她喜歡每天至少有一餐是麵食，但並不配蛋白質一起吃。當年我們沒有聽過什麼食物組合的觀念，因此她這麼做完全是自然而然。她吃麵食和沙拉，而且每餐取用食物，只取一輪。

她年紀越大，吃的肉越少，但她並沒有吃素。她為了人道的原因，不吃小牛肉，但仍取用少量的牛肉、雞肉和魚。她的烹調手藝傑出，而且也認為適量攝取各種顏色的蔬果很重要：「一整盤食物全都是白色的，沒什麼意思，這樣對身體也不會有太大的好處。」這是她設計健康飲食的方式：有一點點自己的風格，和各種色彩的組合，讓我們均衡攝取各種食物。

她還每天散步。在羅馬，沒有地方停車，交通又很紊亂，因此不論到哪裡，她都用走路去。在瑞士，她晚餐後都會帶狗到我們家後面的葡萄園遛一遛。

我母親最愛的菜色應該可以說是茄汁義大利麵吧！她每天要吃一頓麵食，每周要有一次茄汁義大利麵。下面就是我母親喜愛的茄醬做法，不能說是她的食

譜，因為這是許多傳統做法中的一種，雖然比起「在不沾鍋裡用特級橄欖油炒香蕃茄或大蒜再加香料，然後加蕃茄醬汁，水滾即成」的做法，要多花一點時間。但這種做法比較符合健康原則，而且整體而言還更簡單。等準備工作完成之後，烹煮的過程就不必太花心思。

　　一個小洋蔥，去皮切丁，兩顆大蒜，兩根紅蘿蔔，兩支芹菜，全部切碎放入鍋內。再添兩大罐剝皮蕃茄或已經去皮的新鮮蕃茄，加半把洗淨的整株新鮮羅勒。再添橄欖油，慢火燉四十五分鐘，關火，至少再燜十五分鐘。澆在外軟內韌，麵心彈牙的義大利麵上佐食，灑上大量新鮮的帕馬乾酪粉（一定要是Reggiano的才行）和另外半把的羅勒，羅勒要洗得乾乾淨淨，用剪刀小心剪碎，裝在杯子裡或玻璃碗中，以免碰傷或變黑。

　　聽起來份量不少，但母親喜歡這樣做——義大利麵在醬汁裡載浮載沉。若有剩餘，第二天可以用炒鍋小火慢煎，留給笨得沒趕上第一頓的人。

　　母親告訴我們，義大利菜要好吃，祕訣就在於食材。一切都得取自時鮮，這點和法國菜不同，法國菜是要給大批皇室隨員吃的，因此得用濃郁的醬汁來隱藏不新鮮的缺點。而創造義大利菜的是農夫。許多人都以為只要用蕃茄烹調，再加上融化的乳酪，就叫作義大利菜，實則不然，其實它是舉世最豐富、最多樣的料理。在某些地區，獨特的地方菜往南往北走二十公里，就再也吃不到了。

　　由於以上的食譜是傳統做法，所以我們再舉一種松子義大利醬奧黛麗改良版，通常是用羅勒混合大量橄欖油和大蒜、松子和帕馬乳酪。母親設計了下列的做法，並且把它改得比較清淡。不妨多做一點醬汁，澆在麵上才不會那麼乾。

　　每盒義大利麵（重一磅／450公克），配用義大利香菜和羅勒（去莖，只用葉片）各一大把。把配料洗淨，放入果汁機，若食材太多，可分批置入。再加上一顆大蒜（可視喜好酌予增加），一杯牛奶（低脂亦

可），頂級橄欖油適量，及如鱷梨核大小的一塊新鮮帕馬乾酪。攪拌均勻至濃稠狀，加入適量牛奶，保持醬汁呈液狀，使之溶解均勻。

要學我母親那樣，為美食畫下完美的句點，就是在餐後再來一道清爽的沙拉。她最愛的佐料汁是和她的好友康妮‧華德（Connie Wald）一起研究出來的，做法如下：

九成米酒醋加一成特級橄欖油，再加入適量低鹽醬油和新鮮胡椒調味。

母親不吃零食，但有時她飯後嚐點小點心，就一定得是甜的。她愛吃香草冰淇淋，淋上楓糖漿。由於她每天早起，拍片時間又很長，所以她養成了睡午覺的習慣，起床後她通常會吃一塊巧克力——一塊而已！她說巧克力可以趕走憂鬱。

還有另一個祕密：我母親其實並沒有那麼瘦，她常說自己是「假瘦」。她的上半身，尤其是胸廓，的確比一般人瘦，因此她有一把纖腰。她幼時罹患百日咳，再加上戰時營養不良，使得她年紀輕輕就有氣喘的毛病。終其一生，她肺部都很脆弱。當時大部分的舞者，甚至當時大多數人都吸菸，她也不例外，醫生一再地告訴她，她可能有初期的肺氣腫。她的體態深受修習芭蕾的影響，雖然上身纖細，但雙臂和雙腿卻很結實，而且全身骨肉亭勻。

所以若你也想要有窈窕的身材，其實很簡單：只要在戰時成長，年輕時嘗嘗飢荒滋味，每天運動，年長之後飲食均衡適量，保持輕鬆自在。其實真正重要的是，在子女小時候，不要給他們吃太多的脂肪或糖，這樣，他們未來能夠活得更健康。這也是我母親在聯合國兒童基金會時，提倡哺餵母乳的原因。

我母親一直夢想作首席芭蕾舞星。她自幼修習芭蕾，甚至在戰時亦未中輟。戰後搬回倫敦，繼續隨瑪麗‧藍伯特（Marie Rambert）習舞，後者在當時是首屈一指的芭蕾教師，曾和著名的俄羅斯舞星尼金斯基（Nijinsky）合作。一天，我母親和藍伯特促膝長談，她問藍伯特，如果她繼續學舞，提升舞藝，有沒有可能

上圖：我們在比佛利山的家，右立者為
康妮·華德。約1980年，生活照。

AUDREY HEPBURN AN ELEGANT SPIRIT: A Son Remembers

36

第二章　**追憶逝水**

成為首席芭蕾舞者？藍伯特很委婉地回答說，她是她教過最優異的學生之一，但若她作第二芭蕾舞者，可能較有發展：她的工作會比較穩定，而且可以在藍伯特芭蕾學校教舞，過不錯的生活。

37

「但是我的夢想怎麼辦？」沮喪的小奧黛麗說。不論她練習得多麼勤奮，最精華的鍛鍊時間都已經一去不返！戰爭對她太殘酷，營養不良也影響她的肌肉成長和發展。此外，對當時大部分的男舞者而言，她也長得太高。當時男舞者身材較矮小，沒有力氣把她抱起來舉在空中。

我母親先天條件不良，比不上在戰時接受良好訓練、營養充足的舞者，戰爭破壞了她的夢想。她還記得那一天她回到自己的房間，「一心想死」。這些年來一直支持她希望的夢想，在轉瞬之間破滅消失。

她沒有再徵詢其他人的想法。一旦她認定該相信誰，她就會聽從他們的意見。她聆聽，並且學習。她愛藍伯特夫人，兩人後來也一直是朋友，但夢想已逝，她得想辦法謀生。若她不能在芭蕾舞壇作最傑出的舞者，那麼她就要在其他方面表現第一。只是她得先面對現實，抓住眼前的機會，所以她做了幾個模特兒和表演的工作，其餘的故事，毋庸我贅述，大家都知道了。

38

上圖與左下圖：奧黛麗·赫本在《雙姝艷》的演出。此片由塞爾日·雷賈尼（Serge Reggiani）和華倫蒂娜·戈蒂絲（Valentina Cortese）主演。

右下圖：1942年大戰期間舞蹈留影。曼尼·舒坦能攝。

右頁：安東尼·波尚（Antony Beauchamp）攝，約1949年。

Audrey Hepburn Estate Collection.

上圖與左下圖：奧黛麗·赫本在倫敦夜總會演出的時期，一旁是馬塞爾·勒·朋（Marcel Le Bon），約1949年。她已經不再是舞者，但也還不是演員，暫時棲身夜總會表演歌舞劇。那時是戰後第四年，也是《羅馬假期》拍攝前三年，她才滿二十歲。左下圖由諾爾·曼寧（Noel Mayne）所攝。

下中圖：1949年歌舞劇《塔塔醬》的節目單。奧黛麗知道自己不可能成為首席芭蕾舞者之後，立即參與一系列歌舞劇的演出，《塔塔醬》大受歡迎，因此後來又有續集《開胃醬》等一系列由法國戲劇家費多（Feydeau）所寫的歌舞喜劇。

右上圖：奧黛麗和她母親在倫敦街頭留影。約1949年，可能就在戰後她們遷回倫敦之後不久所攝。我母親在歌舞劇中演出的時期，外婆得打零工補貼我母親微薄的薪水。她擔任她們所住公寓的門房，每周為整個建築物擦一次地，並且負責平日的保養維修。拍攝者不詳。

右頁：安東尼·包強攝，約1949年。

Audrey Hepburn Estate Collection.

第二章　追憶逝水

左頁與上圖：倫敦，約1948年。諾爾‧曼寧攝。　　右上圖：戰後在倫敦所攝，當時她可能還希望自
己能成為舞星。攝影者不詳。

Audrey Hepburn Estate Collection.

AUDREY HEPBURN AN ELEGANT SPIRIT: A Son Remembers

奧黛麗把發掘她的伯樂，歸功於知名法國作家高萊特（Colette）夫人。所謂「發掘」，對所有的演員，或者該說，對所有的藝術家，都意味著某人甘冒風險，給你一展長才的機會。當時奧黛麗只參加過一些英國影片的演出，諸如《械劫裝甲車》和《雙姝艷》，接著籌拍的是《蒙地卡羅寶寶》，是輕鬆歌舞喜劇《巴黎寶寶》的續集。該片在法國南部拍攝時，高萊特正巧與劇組住在海邊同一間旅館，她一眼相中這個正在為剛萌芽的演藝生涯奮鬥的女孩。當時高萊特正在準備製作她的劇本《金粉世界》，一見到我母親，她就大喜過望地喊道：「我找到姬姬了。」

44

第二章　追憶逝水

左頁：《金粉世界》，李察・艾弗登（Richard Avedon）攝。1951年，我母親初次赴美國，在百老匯演出《金粉世界》。她常常說起：「我到了美國看到的第一眼，是自由女神像，第二眼……，是李察・艾弗登。」Copyright © Richard Avedon.

下圖：高萊特與我母親，約1950年。攝影者不詳。Audrey Hepburn Estate Collection.

Hepburn

... and

Hepburn

Audrey Hepburn is a virtual Miss United Nations, half-Dutch, half-Irish, Belgian-born, a new star in England and America.

Few pleasures are greater than that of gazing at the stars—both those in the night sky and in our own man-made heavens of the theatre and the cinema.

I have devoted many hours to this dreamy pursuit, some of the most delightful recently to the inspection of a new but very brilliant star that bears a classic name—Hepburn.

I am speaking of Audrey Hepburn, whom I discovered in Monte Carlo and who now, only a year later, is lighting up the American sky in two glittering roles—one in a Broadway play, "Gigi," and the other in a moving picture, "Monte Carlo Baby."

It is unheard of in astronomical circles to have two stars of the same name, for astronomers, despite their constant mooning, are orderly folk. When they call something something, then nothing else may be called the same. In the theatre it is different, particularly where the Irish are concerned. And the Irish were very much concerned in the case of Audrey Hepburn. Her father was one of that charming, unpredictable race.

He did not know that he was be-getting a star, poor man. And I am sure that when the knowledge finally began to dawn on him his last thought was to change the name he had given her simply because there already happened to be a fixed star, also named Hepburn.

I personally never have encoun-tered the other Hepburn, Katharine The Great, but she flew over my country, France, about the same time I was discovering her namesake. She was on her way south to make a picture called, "The African Queen." I hear that it is a fine picture and that in it she proves herself a great actress by dispensing with make-up and other aids to luminosity, which lesser lights find necessary.

So now American stargazers will behold two shining Hepburns—Aud-rey and Katie—who are unrelated and never even have met, but whose names are being emblazoned simul-taneously on theatre marquees.

I did not need a telescope to dis-cover my Hepburn. It happened one day in Monte Carlo. She was there with a group of cinema people, led by Ray Ventura, the European or-

In "The African Queen" Katharine doesn't need make-up to shine brilliantly and between scenes she's human enough to clown with a "no hands" bike ride.

By Colette

TRANSLATED FROM AN ARTICLE WRITTEN EXCLUSIVELY FOR THE AMERICAN WEEKLY BY THE WORLD-FAMOUS FRENCH AUTHOR

Colette saw Audrey acting in the movie ...e Carlo Baby" (above) she found "Gigi."

chestra leader and producer. They were making two versions of one film, the first in French, called "We'll Go to Monte Carlo," and the other in English, "Monte Carlo Baby" (the latter is being shown in the United States now).

Audrey was the only member of the cast to play in both, and the moment I saw her I could not take my eyes away. "There," I said to myself incredulously, "is Gigi!"

A novel of mine, which had just been turned into a play by Anita Loos, "Gigi," tells the story of a French gamine, and all of us, Anita, Gilbert Miller, the producer, and I were searching for someone to play the leading role.

What author ever expects to see one of his brain-children appear suddenly in the flesh? Not I, and yet, here it was! This unknown young woman, English, I guessed, was my own thoroughly French Gigi come alive! That afternoon I offered her the part in the Broadway play.

What it takes to make a celestial star I do not know, but no first-rate human star of my acquaintance has been formed without suffering. Although 21 when I met her, Audrey already had this qualification. She had acquired it as a child.

Born in Brussels of a Dutch mother and Irish father, she was living in England when World War II broke out. But England seemed unsafe, so her mother took her home, to Holland, which, of course, turned out to be even less safe. She

was 10 then, an impressionable age, just right for obtaining the maximum effect from bursting bombs and scenes of cruelty.

It was a hard, hunted life. One of her two brothers was seized and carried off to a Nazi labor camp. She distributed food for the Underground and carried parcels to hidden allied pilots. Once, when the Germans were rounding up women to run their military kitchens, she was picked off the street with a dozen others, but escaped.

After the liberation she and her mother were assigned to a rest home for soldiers, where they began to eat regularly again. On her first day of freedom a Dutch officer gave her five chocolate bars which she gorged and which made her violently ill.

Following two years of ballet study in Amsterdam, she returned to England and soon pirouetted her way into musical shows. Then came bit parts on the stage and in pictures, ending in Monte Carlo.

Now, as Gigi, and with her movie out at the same time, she is, as the astronomers say, "in the ascendant." When she finds her final place in the firmament, there will be two great fixed stars named Hepburn, to the confusion of astronomers but to the delight of ordinary theatre-goers. Then, perhaps, secure in the heavens, Audrey too, like Katharine, may dare some day to lay aside her make-up.

第二章　追憶逝水

　　高萊特是天才，她的作品不僅精采現代，而且她對我母親前途的眼光也神
準：從「聯合國小姐」，到「脂粉不施」。

　　常有人問我最喜歡母親的哪部影片。我每一次觀賞她和弗雷・亞斯坦（Fred
Astaire）合演的《甜姐兒》，就禁不住感到欣喜，因為我看到她在這許多磨難的
歲月之後，她終能展翼高飛，舞動人生。她在片中，於巴黎一家「存在主義派」
的夜總會，演出一段現代舞獨舞，舞藝登峰造極。她終於展開封存多年的舞蹈之
翼，掀起旋風。

左頁：早在我母親初赴美國，參與《金粉世界》演出之際，就透過李察‧艾弗登，認識了知名的櫥窗設計師金‧摩爾（Gene Moore）。金‧摩爾當時正在尋找模特兒，以進行人偶模型設計，因此我母親拍了這批照片。後來金‧摩爾成為名店蒂芙尼的櫥窗設計師，和蒂芙尼的合作關係達三十五年之久。Audrey Hepburn Estate Collection.

下文節錄自金‧摩爾著《我在蒂芙尼的時光》

1951年，在法國里維耶拉，高萊特見到一位名叫奧黛麗‧赫本的女演員，立刻屬意由她出任《金粉世界》好萊塢改編版的主角，因此奧黛麗‧赫本來到紐約，李察‧艾弗登為《哈潑時尚》雜誌拍攝她的照片，我一見到這些照片，就致電艾弗登，問出她下榻何處，並詢問她是否願意作人偶模特兒的範本，最後我們在亞歷山大的攝影棚為她拍照片。她非常美麗、容光煥發、充滿女人味，是高萊特女主角的不二人選，而且她個子很高，比我還高。我們成了朋友，後來她也用我幫她拍的照片，做為她主演首部電影派拉蒙《羅馬假期》的宣傳照。

下圖：《甜姐兒》，畢爾‧艾弗瑞攝。© 1978 Bill Avery/mptv.net.

下圖與右頁:《甜姐兒》。我母親去世後,我曾接受許多訪問,常有人問我最喜歡母親拍的哪部電影。我從沒有真正回答這個問題,因為我很難完全客觀的選出最愛的一部電影。不過我總會嘗試舉出幾部我知道她自己喜歡的片子,《甜姐兒》就是其中之一。能和弗雷·亞斯坦同台,對她正是美夢成真。經過這麼多年,她竟能重溫她的舊夢——舞蹈,她內心的喜悅自不待言。弗雷·亞斯坦說:「她乘著多年來封存的舞蹈翅膀,翩然翱翔。」畢爾·艾弗瑞攝。© 1978 Bill Avery/mptv.net.

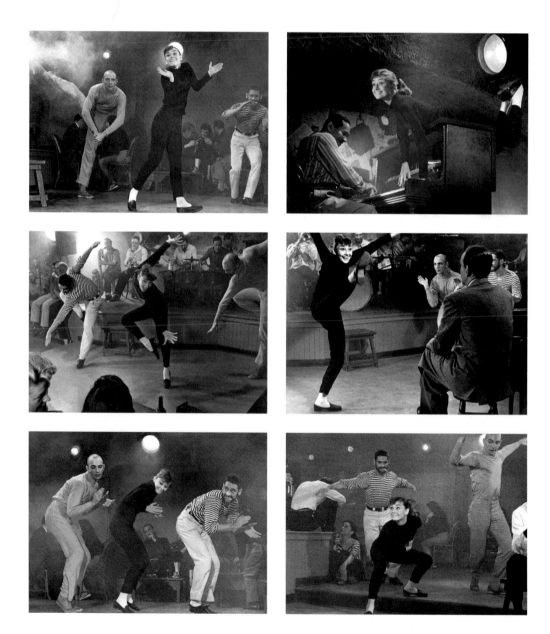

第二章　追憶逝水

54

第二章　追憶逝水

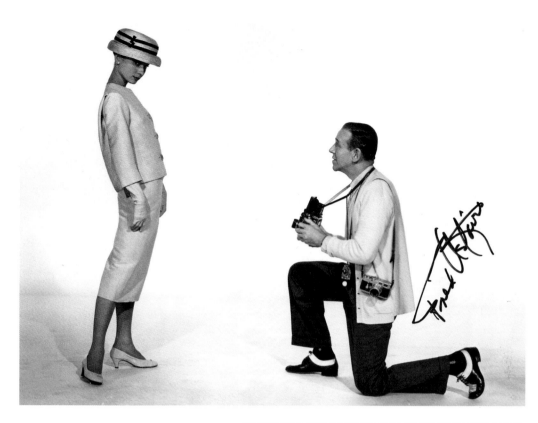

左頁與上圖：《甜姐兒》宣傳照。
© Paramount Pictures. All rights
reserved.

右圖：弗雷・亞斯坦在地面上的留
言：「兩個『疲憊』的舞者！！上
吧？？」生活照。

AUDREY HEPBURN AN ELEGANT SPIRIT: A Son Remembers

《甜姐兒》，傑瑞得·德高（Gérard DéCaux）攝。Audrey Hepburn Estate Collection.

左圖：奧黛麗·赫本和導演史丹利·杜寧（Stanley Donen），在巴黎街頭取景拍攝。

下圖：與弗雷·亞斯坦在拍片布景前。

　　下面是弗雷·亞斯坦在「哥倫比亞大學口述歷史系列」中的《弗雷回憶錄》（一九七一年七月出版）第三十至三十三頁中，談及他與我母親合作《甜姐兒》的經驗。

　　「我非常喜歡這部片子，也很喜愛奧黛麗·赫本。她是你畢生所見、所合作，最可愛的人。一切都很順利。她告訴我，她原是舞者，只是在我們合作之前，已經有好長一陣子不跳舞了。她特別要求與我合作，否則我不可能拍那部片子，他們並不是——你了解的，這部片子並不是為我而拍的。他們請她，她說，若你們找弗雷·亞斯坦來，我就

演。這對我是最大的恭維。當時我並沒有真的——我想我當時在想：不要貪多嚼不爛。等我聽說她指名找我時，不由得說：老天爺，我當然希望能夠辦得到。接著碰到的問題是，該在米高梅還是哪一家公司籌拍。羅傑當時負責宣傳，他選米高梅，但因為她在其他地方的權利問題，米高梅不能拍。最後我們決定選派拉蒙拍，我就上路了。

我說，你們去負責找在哪裡拍，我一定參加，我一定要拍這部片子。我們處得非常愉快。有一部分是在巴黎拍攝的，那是非常甜美的回憶。

她後來在拍攝這部影片時，還說了一句名言。

我們要拍那支舞，那首歌大概是〈他愛她也愛〉，要在巴黎市郊美麗的草地上跳舞。但我們到那裡之後，雨下了又下，約兩周的時間，我們連一個鏡頭也拍不成，只能先拍其他部分。草地越來越泥濘、越來越髒，最後我們等不下去了，非得拍這段不可，只能希望陽光普照，雨不再下。

結果如願，但草地還是泥濘不堪，我們很難上場。

接著小奧黛麗說了：『我盼了二十年，要和弗雷・亞斯坦跳舞，結果下場是什麼？一身泥濘！』這是我畢生最喜愛的一段話。她實在很棒——可愛極了。

我們好不容易找到幾塊乾的地方，放了幾盞燈在上頭，保溫燈。萬事皆備，只欠東風，因為我們已經沒有時間了。我們為等待一切該進行的活動，已經耽擱了太久，其中一件就是一個服飾展，在——在某個地方舉行。總之，我們終於在杜樂麗花園或是哪裡開拍了，但雨又開始下，杜寧說繼續拍，繼續拍。我就拿了雨衣。我穿上雨衣，但奧黛麗卻任雨淋得一身濕，我們把這段用在片中，效果很好。

她很棒。

我覺得這部片非常好。我很喜歡它，我覺得它很棒。」

我母親的演藝生涯是她的第二選擇，是不得不然，但她工作的原則和她學習芭蕾舞時一樣：努力認真，嚴守紀律，講求專業。

　　我初窺表演堂奧，是小時候在學校表演，我想大約是我十二歲左右，在莫里哀（Moliere）寫的《狂想病人》一劇演出。這個角色其實並沒有什麼病痛，只是多年的疑心病作祟，再加上他對病魔的恐懼，使他對各種疾病的病徵，就像他去請教的醫師那般瞭若指掌，結果他就說出戲劇史上關於疾病最長最難的一段獨白，非常滑稽有趣。

　　媽媽給我的建議是：「光讀它就好，不要刻意去背它，不過你一定要先了解這些究竟是什麼病，哪裡會痛。」幸好我弟弟盧卡的爸爸多堤就是精神科醫師，因此我纏著他，問到了關於疑心病所有的理論和解答。

　　演出日期越來越迫近，我卻覺得自己還沒背好台詞。媽媽告訴我：「我的辦法是，臨睡關燈前讀台詞，醒來一睜眼再讀一次。」「就這樣？」我問。「就這樣。」她答。

58

　　於是我依樣畫葫蘆，在演出前四、五天，天天如此。在戶外演出那天早上，媽媽送我出門搭校車，她告訴我：「等你到那裡，會覺得自己好像什麼都忘光了，那很正常，人人都會有這種感覺。只要繼續演下去就好了，一切都會很順利，不要擔心。」當然，她是對的。表演結束時，好友都在鼓掌歡呼，我抬頭一看，只見她站在遠處樹蔭下看我們表演。她後來說，她偷偷來看我們的演出，不想驚動我們，所以站在遠處觀賞。

右頁：奧黛麗・赫本，約1949年。奧黛麗一出道，安東尼・波尚就為她拍照，他為她塑造的風格和形象持續了她整個演藝生涯。安東尼當時已和英國首相邱吉爾的女兒莎拉・邱吉爾結縭，他在一家倫敦劇院的歌舞演出中見到我母親，想以她入鏡，搭配他一系列「新面孔」的主題。她立即表示無法支付他拍照的費用，但他教她不必擔心——他不會向她收費。多年後，當她在義大利拍片，需要選擇劇照攝影師時，她要求請安東尼擔任。Audrey Hepburn Estate Collection.

《羅馬假期》劇照，1952年。Audrey Hepburn Estate Collection.

左頁：約1953年，攝影者不詳。Audrey Hepburn Estate Collection.

右上圖：導演威廉‧惠勒（William Wyler）為奧黛麗‧赫本上妝。

左下圖：奧黛麗‧赫本與葛雷哥萊‧畢克在拍片現場玩牌。

右下圖：奧黛麗‧赫本和導演威廉‧惠勒在羅馬街頭共乘偉士牌機車。

上圖：奧黛麗‧赫本和化妝師亞伯特‧德‧羅西（Alberto de Rossi）在《修女傳》拍攝現場。顧名思義，《修女傳》毋需光彩奪目的化妝，亞伯特只為她上老妝。皮爾魯吉攝。Pierluigi/Reporters Associati.

下圖：1956年我父母親與亞伯特‧德‧羅西及其妻葛瑞西亞一起出席《戰爭與和平》首映會。在我母親的生涯中，亞伯特一直擔任她的化妝師，葛瑞西亞則是她的髮型設計師。亞伯特首創名聞遐邇的「奧黛麗‧赫本眼妝」，做法是慢慢的上睫毛膏，然後用安全別針把眼睫毛一根一根分開。亞伯特過世時，她哭得像失去手足一般，說她再也不想工作了。我還記得跟他去看足球賽的溫馨時刻。葛瑞西亞如今依然住在羅馬市郊一處美麗的地方，就像我的家人。攝影者不詳。Audrey Hepburn Estate Collection.

右頁：約1953年。約翰‧安格思坦攝。© 1978 John Engstead/mptv.net.

第二章　**追憶逝水**

ACADEMY OF MOTION PICTURE ARTS AND SCIENCES

May 25, 1954

RECEIPT FOR ACADEMY AWARD STATUETTE

Excerpt from Academy By-Laws, Article VIII, Section 1, Paragraph (g):

"Every Award shall be conditioned upon the execution and delivery to the Academy by the recipient thereof of a Receipt and Agreement..."

Gentlemen:

I hereby acknowledge receipt from you of replica No. 718 of your copyrighted statuette, commonly known as "the Oscar", as an Award for **Best Actress – "ROMAN HOLIDAY"**. I acknowledge that my receipt of said replica does not entitle me to any right whatever in your copyright of said statuette and that only the physical replica itself shall belong to me. In consideration of your delivering said replica to me, I agree to comply with your rules and regulations respecting its use and not to sell or otherwise dispose of it, nor permit it to be sold or disposed of by operation of law, without first offering to sell it to you for the sum of $10.00. You shall have thirty days after any such offer is made to you within which to accept it. This agreement shall be binding not only on me, but also on my heirs, legatees, executors, administrators, Estate, successors and assigns. My legatees and heirs shall have the right to acquire said replica, if it becomes part of my Estate, subject to this agreement.

Audrey Hepburn

Any member of the Academy who has heretofore received any Academy trophy shall be bound by the foregoing Receipt and Agreement with the same force and effect as though he had executed and delivered the same in consideration of receiving such trophy.

左圖：1954年《羅馬假期》獲奧斯卡獎，這是美國影藝學會請她簽的獲獎收據。

右圖：百老匯舞台劇《翁蒂娜》的宣傳單。我父親認為奧黛麗‧赫本的電影事業雖然已經起步，但她依舊應該繼續在劇場演出。《羅馬假期》殺青後，葛雷哥萊‧畢克回到美國，告訴和他一起共創「赫拉影業公司」的我父親說：「你非得見見這個女孩不可。」這是他們倆合作的第一齣戲，她因此劇獲得東尼獎，同年她也獲頒奧斯卡獎。

右頁：1950年代中期：請注意在這張照片的櫥窗地上有本雜誌。奧黛麗‧赫本由櫥窗外朝百貨公司裡面望，渾然不知櫥窗設計已經把她當成時尚指標。攝影者不詳。Audrey Hepburn Estate Collection.

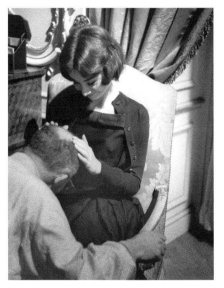

左頁：1953年《龍鳳配》，與比利‧懷德和亨佛萊‧鮑嘉（Humphrey Bogart）。我曾問媽媽「鮑叔」的事，她說，他們倆相處還算融洽，但她聽過傳言，自己也覺得他並不認為她是個好演員。我說我覺得這不公平，她聞言凝視我，說他或許有他的理由。在這張照片中，他們倆在拍攝網球場那支教人回味無窮的舞時，和比利‧懷德談話。Audrey Hepburn Estate Collection.

左下圖：《黃昏之戀》。奧黛麗‧赫本和導演比利‧懷德在拍攝現場。© 1957 Allied Artists Pictures Corporation. All rights reserved.

上圖：《戰爭與和平》的三幀劇照。這部片子對我意義重大，因為我的父母攜手合作，在片中分飾安德烈公爵和娜塔莎。© Paramount Pictures. All rights reserved.

右下圖：《黃昏之戀》，和賈利‧古柏（Gary Cooper）、比利‧懷德，和我父親一起在拍攝現場。艾爾‧聖海拉芮攝。© 1978 Al St. Hilaire/mptv.net.

AUDREY HEPBURN AN ELEGANT SPIRIT: A Son Remembers

上圖：1957年，奧黛麗和賈利・古柏合拍《黃昏之戀》。我母親對古柏欽佩有加，經常提到他，說他是大銀幕上的「紳士」，兩人非常親。一九六一年古柏過世時，古柏太太把他的24k金紀波打火機送給我母親，她將之視若至寶，迄今依舊是我們的傳家之寶。© 1957 Allied Artists Pictures Corporation. All rights reserved.

左下圖：1957年2月5日，紐約市，《夢斷情天》彩排。這是首度有舞台劇作全美電視轉播（NBC）。戲外，我母親拉著父親在拳擊場內嬉戲。攝影者不詳。Audrey Hepburn Estate Collection.

右下圖：1956年與法國歌星莫利斯・查佛利（Maurice Chevalier）合影。照片上有莫利斯的親筆簽名，上書：「亞利安的父親致奧黛麗的母親。」在這幀照片上，他們倆一起喝茶。莫利斯在片中飾演我母親的父親，這張照片是送我外祖母的禮物。攝影者不詳。Audrey Hepburn Estate Collection.

右頁：《龍鳳配》，與比利・懷德（圖左）和威廉・惠勒（圖右）。這兩位再加上杜寧，可能是我母親影藝生涯中最重要、影響最深遠的導演。她和惠勒合作了三部電影（《羅馬假期》、《雙姝怨》，和《偷龍轉鳳》），和懷德合作了兩部（《龍鳳配》和《黃昏之戀》）。攝影者不詳。Audrey Hepburn Estate Collection.

68

第二章　追憶逝水

1959年《綠廈》，由我父親執導。改編自威廉・哈德森（William Henry Hudson）的經典小說。© Turner Entertainment Co. A Warner Bros. Entertainment Company. All rights reserved.

左上圖：和演員安東尼・柏金斯（Anthony Perkins）和小鹿皮平。

左下圖：我的導演父親和演員母親。

右上圖：在家逗弄皮平（又名依比），牠長大了不少。鮑伯・威勒比攝。© Bob Willoughby 1960.

右下圖：和詹姆斯・嘉納（James Carner）在《雙妹怨》拍攝現場耍寶。對極其緊張的劇本而言，這是必要的紓緩休息。鮑伯・威勒比攝。© Bob Willoughby 1960.

右頁：1967年《儷人行》劇照，由杜寧導演。© 1967 Twentieth Century Fox. All rights reserved.

上圖：在拍攝《綠廈》前，爸媽把小依比養在家裡，以增進媽媽和牠的感情。爸媽用這張照片製作1958年聖誕卡。鮑伯・威勒比攝。© Bob Willoughby 1960.

下圖：1957年和我父親在他拍《妾似朝陽又照君》的現場。攝影者史渥普不只和我父親都熟稔，也和小說作者海明威很熟。他可能去探班，但不是該片的攝影師。© John Swope Trust/mptv.net.

右頁：1955年哈斯曼攝於羅馬市郊。這些照片是在《戰爭與和平》拍攝初期所攝，該片大部分在羅馬辛奈西塔攝影棚拍攝。我父母親在拍片的幾個月期間，在羅馬租房子。© Halsman Estate.

第二章　**追憶逝水**

AUDREY HEPBURN AN ELEGANT SPIRIT: A Son Remembers

左上圖：皮爾魯吉攝。© Pierluigi/Reporters Associati.

左下圖：1965年，我父母親在法國南部拍攝《儷人行》時，在碼頭上留影。皮爾魯吉攝。© Pierluigi/Reporters Associati.

右上圖：1957年加州。唐・奧尼茲（Don Ornitz）攝。

右下圖：荷蘭巡迴訪問：為荷蘭戰時死難人士所作的慈善訪問活動。約1954年。攝影者不詳。Audrey Hepburn Estate Collection.

右頁：1954年在羅馬。攝影者不詳。Audrey Hepburn Estate Collection.

第二章　追憶逝水

AUDREY HEPBURN AN ELEGANT SPIRIT: A Son Remembers

左頁：1956年爸媽盛裝出席奧斯卡獎。畢爾·艾弗瑞攝。© 1978 Bill Avery/ptv.net.

中圖：1954年9月24日：我爸媽在瑞士布爾根施托克的結婚照。生活照。

左圖：約1954年。奧古斯都·喬凡尼（Augusto Di Giovanni）攝。© Di Giovanni.

右圖：我父親主演的《葛雷柯傳》首映會。約1966年。攝影者不詳。Audrey Hepburn Estate Collection.

AUDREY HEPBURN AN ELEGANT SPIRIT: A Son Remembers

78

上圖：約瑟夫·凱西攝，1956年。© Yousuf Karsh/Camera Press.

右頁：我最愛的照片之一。約攝於1956年。攝影者不詳。Audrey Hepburn Estate Collection.

第二章　追憶逝水

第三章　永誌不渝

前頁：《甜姐兒》。傑瑞得·德高攝。
Audrey Hepburn Estate Collection.

左頁：《第凡內早餐》宣傳照，1961年。奧黛麗·赫本演唱〈月河〉。這首曲子為亨利·曼西尼和強尼·默瑟獲得奧斯卡最佳主題曲獎。

「好歌不只得有優美的歌詞，更需要動人的旋律。」在我們很小的時候，母親就這麼教我們：「重要的不單單只是你要說什麼，而是你要怎麼說。」

最典型的例子，就是她在《第凡內早餐》一片中演唱的〈月河〉。她並非歌星，也沒有歌劇女高音那般美好的歌喉，因此她在《窈窕淑女》中的演唱，必須由瑪妮·尼克森（Marnie Nixon）配音。然而她唱的〈月河〉情真意摯，又在緊急出口那一幕掌握了天時地利，因此成績斐然。這首歌的作曲者亨利·曼西尼（Henry Mancini）是她的好友，曾為她多部電影的原聲帶作曲。他一九七〇年代後期接受報紙訪問時，曾談到她如何啟發他的靈感：

> 「要說作曲家能受到某人、某張臉龐，或某種特性的啟發，談何容易。但奧黛麗·赫本就啟發了我。她不但是我寫〈月河〉的靈感泉源，也啟發我寫出〈謎中謎〉和〈儷人行〉。聽到這些曲子，你幾乎就能分辨出它們的繆思，因為它們都有奧黛麗那種淡淡的哀愁。通常我得先看完整部電影，才能為它配樂，而這一次，才看完劇本，我就知道該寫什麼。接著我第一次和奧黛麗見面，就知道這首歌會非常非常特別。我知道她聲音的特質，也知道她能把〈月河〉唱得很動聽。直到今天，都還沒有人能唱得像她那樣有感情，像她對這首歌的了解那麼深刻。」

他接下來敘述奧黛麗在他們所合作另一部電影配樂中的表現。

「《謎中謎》中有一幕，奧黛麗回到公寓，發現那老人已經捲款而逃了，她孤伶伶的坐在手提箱上，這時，不知為什麼，也不知怎麼回事，我的腦中立刻浮現出主題曲的頭幾個旋律。我真希望她能重回影壇，再拍幾部片子，因為我的靈感的確來自銀幕上的她。

〈月河〉是為她而作。沒有人完全了解這首歌，它的演唱至少有上千種版本，但她的詮釋卻無疑是其中最好的。這部片試映時，派拉蒙的大老正好在座，他說：『有一點絕對可以肯定，那首他×的歌一定會大流行。』奧黛麗立刻由椅子站起來！梅爾·法拉得把手壓在她的臂上拉住她。這是我唯一一次看到她差點失控。」

我們很難用言語形容她是誰，為什麼教人一見難忘。她怎麼能對人有如此深遠的影響？她到底撥動了大家哪一根心弦？

《窈窕淑女》的攝影師、視效顧問，也是推動全劇的幕後大功臣西索·畢頓（Cecil Beaton），曾在一九五四年十一月一日的《時尚》雜誌中，寫了一篇名聞遐邇的文章，稱頌我母親。他把我母親崛起的主因歸為戰後歐洲的背景。

「浴火鳳凰由灰爐中再起時，永遠是劇力萬鈞。即使是『紅顏天妒』，她們也必會重生，帶來新面貌，受到新的喜愛。就算有人悲觀的預言，在戰後的餘爐中，不可能會再有新女性典範出現，然而一顆新星卻悄然誕生，那就是奧黛麗·赫本。沒有人懷疑為什麼奧黛麗·赫本會成功，因為她代表的就是當代精神。她的原型源自法國——達米亞

右頁：約1953年。西索·畢頓攝。
Courtesy of Sotheby's London.

第三章　永誌不渝

（Damia）、伊迪絲・琵雅芙（Edith Piat）、茱麗葉・葛瑞柯（Juliet Greco），但非得要藉著比利時的斷壁殘垣、英國腔的口音，和在美國的成功，才塑造了象徵我們新時代精神的精采人物。在二次大戰前沒有人像她，放眼整個歷史，恐怕除了高舉浪漫大纛的法國革命狂放子民之外，也不會有人像她。然而我們卻基於自己對歷史的需求，而一眼看出了這個迎合天時、應運而生的明星。數以萬計的人爭相模仿，就是這個現象的證據。林間處處是解放的少女，梳著俏麗的髮型，臉蛋如月般白皙。她們的典範來自何處？就來自奧黛麗・赫本大如蒼鷺的雙眼和如遙遠東方美女般濃黑的眉毛，她的五官展現的是個性，而非美麗：她的鼻樑似乎太窄，和長度不太協調，順著鼻翼逐漸外擴，到圓翹的鼻尖，最後是如鴨喙頂端似的鼻孔。她的嘴很寬，下唇有一道裂縫，深到談不上古典美的地步，細緻的下頜與顎骨比起來，則又顯得太小。整體看來，她臉孔的輪廓恐怕太方，但她憑本能把頭偏向一方，顯得俏皮活潑。她就像蒙馬特天才肖像畫家莫迪里亞尼所畫的像，各種斜的角度，不只本身有趣，而且組合起來也很精采。

在這個像孩子一般的頭顱（只有椰子大小，短髮搭配少許像猴毛般的劉海）下，是出奇纖細又直又長的脖子，在垂直的頸線之下，則連接了竹竿一般的背。若非她天生所賦有的優雅氣質，一定會顯得高得嚇人。奧黛麗・赫本的姿態是時裝模特兒和芭蕾舞者的組合。她的舉手投足的確受芭蕾影響很深，不過她也展現了個人的特質：瘦骨嶙峋，就像鶴鳥或鷺鷥一般。她可以展現特技般的姿態，柔軟的身軀、平坦的細腰、纖細的手指和修長的雙腿，永遠都保持與生俱來的優雅。她的雙手不是插腰，就是放在背後，雙腳總習慣叉開──腳後跟深深踩入地下，而腳趾則朝向天空。她喜歡兩腿交疊坐在地上，而不愛坐在椅子上。

奧黛麗・赫本是賣花女，是小淘氣，她雖然才荳蔻年華，但有時卻顯得歷盡滄桑，兩眼都有黑圈，雙頰也緊繃而蒼白。她是受過戰火洗禮

的憂鬱孩童，籠罩在她幼時的陰影，更使得她短暫的童年彌足珍貴。但若說她是哀愁的化身，她卻又同樣欣賞人生所賜予的豐富幸福。

　　如此年輕的少女就有天生的『明星氣質』，實屬難能可貴。奧黛麗・赫本的成功，讓她受到世人欣賞、讚美、喜愛，也為她帶來了絢麗的光彩。然而在璀璨的光芒背後，她卻有天生的正直誠實，足以應付好萊塢天之驕子所必須面對的虛偽。她的聲音很有個人特色，在平緩的腔調中，具有獨特的韻律和歌唱般的節奏，蘊含著教人心碎的特質。雖然這樣的聲音很容易就會顯得矯揉造作，但她花了很多時間改善它。

　　其實，隨著年歲增長，奧黛麗・赫本的戲劇才華、智慧、機敏都與日俱增。她雖哀愁但熱忱、坦白直率卻又謹慎周到、充滿信心卻不自負獨斷、溫柔善感而不濫情。她是戰後最有前途的戲劇人才。除此之外，她還散發出獨特的魅力，若說她是我們新女性理想典型的化身，實不為過。」

—〈西索・畢頓談奧黛麗・赫本〉，1954年11月1日《時尚》雜誌。
Cecil Beaton/*Vogue* © Condé Nast Publications.

87

　　因此她之所以發光發熱，並不只是因為漂亮的包裝，或是她所拍影片簡單卻動人的主題，也不只是才華洋溢的編劇和導演的功勞。她成功，是因為法國人所謂的某種「je ne sais quoi」（無以名之）的元素，洋溢在字字珠璣的對話中，是出自她內心的話語，和誠懇態度的折射。

　　終其一生，她都信奉簡樸原則，不論是服裝、工作，或者人際關係。她總愛說：「把它濃縮到最重要的程度：你目標的本質究竟是什麼？最重要的究竟是什麼？如果想要同時處理太多問題，就會變得太複雜。」

　　她走起路來，也一副這是世上第一要務的模樣，輕快的教我們差點跟不上。有一次我問她，為什麼走得這麼快，她答說：「我只是一心想趕快到目的地。」後來她說，這是對她母親的作風矯枉過正所致，因為她母親總是慢吞吞。

左頁：1964年。西索‧畢頓攝。Cecil Beaton/©
Condé Nast Archives/Corbis.

上圖：《窈窕淑女》。西索‧畢頓攝。Courtesy of
Sotheby's London.

AUDREY HEPBURN AN ELEGANT SPIRIT: A Son Remembers

1963年，《窈窕淑女》。西索·畢頓攝（試裝照）。飾演此劇女主角賣花女伊萊莎對奧黛麗的演藝生涯，是重要的里程碑。除了因為這是極其成功的歌舞劇之外，劇中角色由倫敦基層柯克尼街頭流浪女躋身西區梅費爾的社交名媛，對她的意義特別深遠。身為英國人的她深諳這兩個地區的差別，及其間地位的差異。常有人說，在舞台上飾演此角的茱莉·安德魯斯（Julie Andrews）未能在電影中出馬，而由奧黛麗瓜代，造成兩人的心結，其實不然，因為她終生都和茱莉及其先生布雷克·艾德華茲（Blake Edwards）是好友，而後者正是《第凡內早餐》的導演。茱莉·安德魯斯此前從未演過任何電影，或許因此，這個角色才請我母親飾演。不過同年茱莉·安德魯斯演出《歡樂滿人間》，並因此獲得奧斯卡最佳女主角獎。Courtesy of Sotheby's London.

第三章　永誌不渝

上圖：《窈窕淑女》。西索‧畢頓攝。Courtesy of Sotheby's London。

右頁：定裝照。上有攝影者西索‧畢頓的簽名。畢頓是真正的文藝復興人：他在《窈窕淑女》中，創造了整劇的「風貌」，布景、設計服裝、為奧黛麗攝影，後來又以她入畫，再撰文寫她──而且一切都做得這麼美！他同時也為此劇的百老匯演出擔任藝術總監和服裝設計師。Courtesy of Sotheby's London.

第三章　永誌不渝

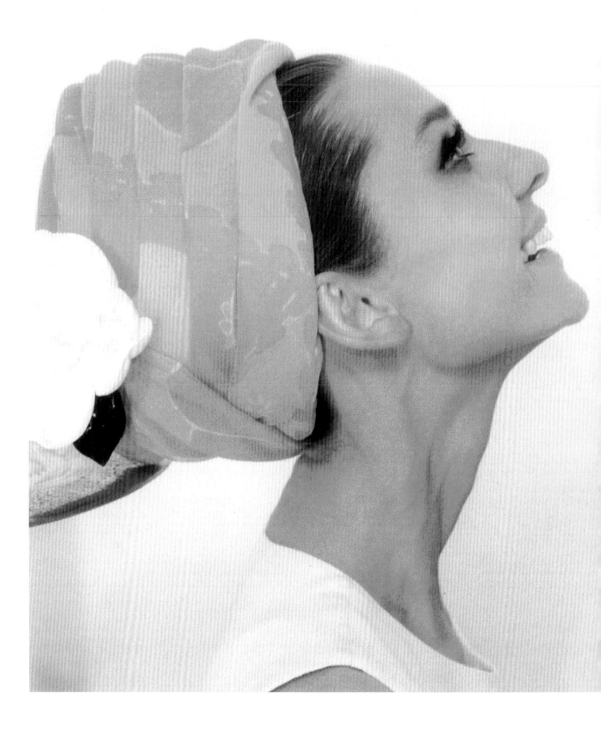

94

第三章　**永誌不渝**

　　我記得曾告訴過她：我愛上一個女孩，只可惜她更喜歡別人，或許我們兩個她都喜歡——多少世紀以來，少年男女永遠都陷在這種糾纏之中。她聽了之後，思索了一下，接著直截了當地說：「你最好專心課業，因為要是你功課也完蛋，那麼你就會比現在更加不快樂。」

　　她的心思一逕非常單純，一切都回歸根本：關懷、仁慈、愛。而也就是她的靈魂輕聲細訴這些情感的方式，讓她的靈魂終於找到了歸宿。在我們面對社會、人生時，總會小心翼翼隱藏一切，而它卻讓我們重新找出真摯的情感。

　　當然，首先要有精采的劇本。在《黃昏之戀》中，飾演花花公子的賈利‧古柏正要離開她，好獵取下一個目標，他倆在火車站道別，其實兩人心中都暗藏情愫。她擺出一副道貌岸然的模樣，向他保證她就像他一樣堅強而獨立。火車向前開動，她的雙眼湧出淚水，但卻繼續數算追求她的還有哪些男子，他們會如何拜倒在她的石榴裙下。雖然我們明明知道，這樣的人一個也沒有。火車的速度越來越快，她也在月台上奔跑，淚流滿面。火車的聲音太大了，她幾乎得用喊的，要告訴他她會安然無恙。只是我們很清楚，實情並非如此。

　　最後古柏一手把她拉上了火車，兩人擁抱。劇本寫得很簡單，但她讀了這些精簡的對話，再經過她的詮釋，以她的才華，演出脆弱受傷的氣氛，使得她的表演獨特精采。其重點就在於你願意挖掘得多深，願意或者能夠表現出多少。

　　她真心希望他繼續保持自己的本色。她知道人生總有許多無可奈何的事，但卻又希望不是如此。正是她誠摯的道別和她拚命想隱藏卻不自覺流露的真情糾結不清，使得這一幕這麼動人，教人永遠難忘。她找到出路，讓想像的故事與她心中體會到的真實痛苦合而為一。而要做到這一點，非得要有偉大的劇本、傑出的導演，和知道如何表達她所體驗痛苦的能力才行。

95

菲立浦‧哈斯曼攝，1955年。這是他知名的
「跳躍」系列作品。© Halsman Estate.

　　就這麼簡單。若你能夠把人生發揮得淋漓盡致，它就在你眼前，就像讓你淚
眼迷濛的視野，是人生真正的交響曲：有峰有谷，一望無際。

　　雖然我母親一向不熱中宗教，但終其一生，她都堅持自己的信念：她對愛的
信念，對大自然奇蹟的信念，以及對生命之善的信念。她掌握了人生第二個機遇
的每一個機會，尤其在她生命的最後，她透過為聯合國兒童基金會的工作，發揮
自己。

　　有時候，瀕死的經驗反而會讓我們擺脫人生逐漸訓練我們習以為常的種種枷
鎖，讓我們了解什麼是值得我們努力的目標，什麼不是。雖然她對自己幼時瀕死
的經歷已經不復記憶，但光是知道這件事，再加上她原本就淡泊的個性，是她終
生保持謙遜的原因。

　　我從沒有聽她說過：「我做了這個。」或「我完成了那個。」一直到她生命
尾聲，在為聯合國兒童基金會服務的年代，我都常常聽到她說：「我能做的太少
了。」我從沒有聽她說過她喜歡自己的哪一部戲。大家讚美她時，她總是迴避，
並且急急解釋她周遭的人才是她成功的原因。

　　貝西‧安德森‧史丹利（Bessie Anderson Stanley）寫道：「時時縱情歡笑，
獲得智者的尊重和兒童的情感，贏得誠實評論家的欣賞，在虛假朋友背叛時保持
堅定，欣賞美，發現其他人的優點，留給世界一點好東西，不論是健康的孩子、
一畦花園，或是改造的社會，知道世上至少有一個生命因為你的存在而活得輕鬆
一點，這就是成功。」依史丹利的標準，我母親的人生很成功，因為她作了正確
的選擇。她作的第一個選擇是她的事業生涯，接著她又選擇了她的家庭。而在她
的子女——我們長大成人，開始我們自己的人生之後，她又選擇了世上不幸的兒

童，作為奉獻的對象。她選擇回饋社會。而在這個重要的選擇中，她找到了影響她一生的關鍵：了解她心中恆存的哀愁，並且克服它。

　　她所作的選擇，治癒了她心中那個小女孩的哀愁。那小女孩幾乎畢生不識父親，卻渴望父愛的溫暖，期盼獲得他的愛，知道自己在他心中舉足輕重。我回顧過去，發現這正是她給盧卡和我的禮物，是最珍貴的精華，是在你心中永存不朽的根本。她確確實實是個好母親和朋友。

在我父親的鏡頭下

左圖、中圖，和右頁：約1955年，梅爾·法拉攝。

第三章　永誌不渝

左頁：1954年，瑞士聖莫里茲。我母親多年來馬不停蹄地工作，已經筋疲力竭，再加上氣喘日益嚴重，因此我父親帶她到山區度假。他們最後搬到瑞士琉森，我就在那裡出生。梅爾‧法拉攝。

下圖：約1957年，與奧圖‧法蘭克（Otto Frank）和他第二任妻子在瑞士布爾根施托克合影。梅爾‧法拉攝。

曾有人請我母親飾演《安妮的日記》中安妮‧法蘭克的角色，母親考慮良久，還是拒絕了。她覺得自己恐怕難以回到戰時的場景。她認為安妮和她自己非常相像，兩人的生活「非常類似」。

「安妮‧法蘭克和我同一年生，住在同一個國家，經歷同一場戰爭，只是她躲藏在房裡，而我可以外出。讀她的日記，就像由她的觀點來讀我的親身經歷，教我心如刀割。一個少女被關在兩間房間裡，除了寫日記之外，別無表達自己的方法。她分辨四時變換的唯一線索，就是由閣樓窗戶探看路樹。

雖然發生在荷蘭的另一個角落，但我所經歷的一切都在她的筆下歷歷如繪，不只是外在的環境，還包括正要蛻變為女人的少女內心……，全都關在樊籠之中。她表達了對關在房間裡的恐懼，但卻因為她對大自然的愛、對人性的知覺，和她對人生的愛──真正的愛，而超脫了這一切。」

1990年3月，奧黛麗朗誦《安妮的日記》片段，作為聯合國兒童基金會《生命音樂會：世界兒童美國之旅》的節目，由麥可‧提爾森‧湯瑪斯製作、指揮。

Christmas 1958
St. Moritz

上圖：1950年代，瑞士：我父母親帶著約克夏「聲名」在聖莫里茲附近乘馬車馳騁雪地。史丹弗・陸斯攝。© 1978 Sanford Roth/MPTV.net.

左圖：1958年，「聲名」。梅爾・法拉攝。

中圖：1958年，聖莫里茲。奧黛麗和她的哥哥伊安，嫂嫂伊鳳，和他們的女兒。梅爾・法拉攝。

右圖：1958年聖誕節。我父母親愛上瑞士，再度在聖莫里茲過節，開始找房子。梅爾・法拉攝。

右頁：諾曼・帕金森攝，約1955年。這同樣也是在《戰爭與和平》拍攝期間。© Norman Parkinson Ltd./Fiona Cowan.

第三章　永誌不渝

上圖：懷孕期間的奧黛麗，1960年。我就在那裡——
她的肚子裡。梅爾・法拉攝。

右圖與右頁：李察・艾弗登為我拍的唯一的一張作
品。李察・艾弗登攝。© Richard Avedon.

第三章　**永誌不渝**

AUDREY HEPBURN AN ELEGANT SPIRIT: A Son Remembers

下圖以及右頁左下圖：媽媽和我在瑞士琉森市布爾根施托克的家，1962年。由我出生一直到三歲，都住在這裡。這間房子坐落於山頂，俯視整個琉森市和大湖。我和保母吉娜的房間在三樓，旁邊有間客房，供家人來訪時使用。我父母的房間在二樓，就在我房間下面。父親為了山上空氣新鮮，有助於母親改善氣喘，才租了這棟房子。皮爾魯吉攝。Pierluigi/Reporters Associati.

右頁上圖：爸媽帶我去看馬戲表演，1961年。皮爾魯吉攝。Pierluigi/Reporters Associati.

右頁右下圖：瑞士布爾根施托克，1962年。這就是兩歲半的我。我還記得當年乘著木製雪橇滑下覆滿白雪的車道，由我家直衝到一哩外和大路交叉的十字路口。梅爾·法拉攝。

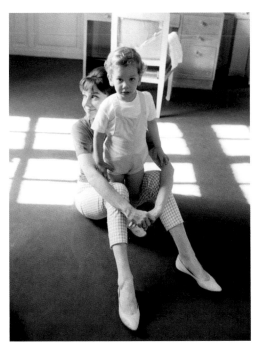

第三章　永誌不渝

108

第三章　永誌不渝

左頁：1961年，我們全家第一次赴美。我那時才一歲，在比佛利山租來的房子裡。巴德・法藍克攝。© 1978 Bud Fraker/mptv.net.

下圖：1965年在西班牙拍攝《卡布里歐拉》時所攝，這是我父親執導及編劇的影片。片中的小鬥牛士就是以此法訓練──兒童在腳踏車輪上裝上紙板做的牛玩鬥牛遊戲。菲立普・羅沛茲（Felipe Lopez）攝。Audrey Hepburn Estate Collection.

上圖：我在琉森醫院剛出生的第一張照片（1960年7月）。皮爾魯吉攝。Pierluigi/Reporters Associati.

中圖及下圖：《儷人行》1965年。在法國南部拍攝。這是我初次在片場的記憶。我對海灘和父母親還有印象。我還記得初次在片場的印象，我坐在攝影車上，和劇務一起在他的卡車上看他的諸多道具收藏，被我當成是一整車玩具。我也還記得皮爾魯吉，母親稱他「皮爾魯尼」，他倆是老朋友，也是我出生之後唯一獲准在醫院拍我的攝影

師。他不折不扣是我們的家庭攝影師。皮爾魯吉攝。Pierluigi/Reporters Associati.

右頁：1961年，約翰·史渥普攝（父親抱著我）。史渥普是我們家的好友，也可能是上個世紀最偉大卻埋沒的攝影師。我父母親和他與妻子桃樂西·麥奎爾（Dorothy McGuire）非常親近。不論我們在哪裡度假或居住，他都會出現：在瑞士，他們家所在地；在西班牙，我跟著爸爸；或者在我與母親同住的羅馬。© John Swope Trust/mptv.net.

AUDREY HEPBURN AN ELEGANT SPIRIT: A Son Remembers

左圖：1962年在巴黎聖誕節採購。生活照。

右圖：狗仔隊在街頭巷尾拍我們，然後把照片送來給母親。拍攝者不詳。Audrey Hepburn Estate Collection.

右頁上圖：爸媽帶我在羅馬看馬戲表演。1960年代。羅貝托·伯尼法茲（Roberto Bonifazi）攝。Audrey Hepburn Estate Collection.

右頁左圖：爸媽和我抵達羅馬機場。1964年9月5日。杜明尼卡·亞斯波托（Domenico Esposto）攝。Audrey Hepburn Estate Collection.

右頁右圖：1966年在馬戲團。亨利·佩索（Henry Pessar）攝。Audrey Hepburn Estate Collection.

第三章　永誌不渝

上圖：1963年。我那時三歲半，在布爾根施托克。這是我們最後一次在貝達尼亞別墅度過的聖誕節。

中圖：1964年，在西班牙瑪爾貝雅參加burrada，也就是騎驢子參加的野餐會。梅爾·法拉攝。

下圖：西班牙。我母親和我與山羊寶寶合影。梅爾·法拉攝。

右頁：1965年，和平之邸。和她第二隻約克夏犬「阿桑」。生活照。

第三章　**永誌不渝**

AUDREY HEPBURN AN ELEGANT SPIRIT: A Son Remembers

上圖與右頁上圖：1960年代。我為了這幾張照片和朋友潔西卡‧戴蒙（Jessica Diamond）討論過，她是赫本紀念館館長，但她堅持要把這些教人難為情的照片收進本書：「這些照片可以清楚地呈現她是怎樣的母親……。」我猜大家會想：這一家人怎麼那麼愛打扮。生活照。

右頁下圖：1964年4月。我大約4歲。生活照。

第三章　永誌不渝

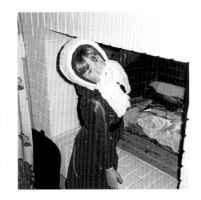

AUDREY HEPBURN AN ELEGANT SPIRIT: A Son Remembers

118

左頁上圖：兒童化裝舞會。1964年在瑞士聖莫里茲。生活照。

左頁下圖：1965年，我在和平之邸度過的第一個生日。生活照。

上圖：1966年，我們在西班牙瑪爾貝雅的家「聖塔凱瑟琳娜」。這是父母和我一起過的最後一個生日。爸爸以媽媽名字中的凱瑟琳，把這棟房子命名為「聖塔凱瑟琳娜」。生活照。

120

第三章　永誌不渝

121

左頁上圖、中圖：托斯卡尼，吉格利歐島。約1969年。生活照。

左頁下圖：瑞士，約1970年。生活照。

上圖：母親1968年在法國格勒諾布爾奧運會場和滑雪隊員合影。生活照。

下圖：1967年，康妮‧華德造訪瑞士，和母親在格斯塔德留影。生活照。

右頁上圖：1967年，和康妮‧華德徜徉在我們瑞士的家和平之邸花園中。生活照。

右頁左下圖：在和平之邸摘花。梅爾‧法拉攝。

右頁右下圖：奧黛麗在羅馬。我特別喜歡這一組照片，非常七〇年代，卻又捕捉到我幼時所見她的神韻。攝影者不詳。Audrey Hepburn Estate Collection.

第三章　永誌不渝

AUDREY HEPBURN AN ELEGANT SPIRIT: A Son Remembers

上圖：母親和安德烈‧多堤的婚禮。生活照。

下圖：奧黛麗和安德烈‧多堤。亨利‧寇克攝，1971年。Henry Clarke/*Vogue* © Condé Nast Publications.

右頁：母親和安德烈‧多堤在瑞士小城莫爾日的婚禮，1969年1月18日。他倆行完婚禮後，立刻拍了這幀照片，我就站在右方幾吋外。這對新人站在莫爾日市政廳的入口。莫爾日離特洛施納的和平之邸只有數分鐘之遙。瑪瑟‧艾莎（Marcel Imsand）攝。

124

第三章　永誌不渝

第三章　**永誌不渝**

左頁上圖：和弟弟盧卡在和平之邸的花園中。亨利·寇克攝，1971年。Henry Clarke/*Vogue* © Condé Nast Publications.

左頁下圖：羅馬。1971年4月。盧卡剛滿一歲。左下圖是我們赴法國大使館參加化裝舞會前所攝。生活照。

下圖：盧卡三個半月大。1970年4月。生活照。

上圖：安德烈‧多堤和我在我們羅馬的第一間公寓中玩戰艦。1969年11月。生活照。

中圖：我和三歲半的盧卡在羅馬公寓玩。1973年11月。生活照。

下圖：母親、安德烈和我三人在羅馬周日的跳蚤市場。攝影者不詳。Audrey Hepburn Estate Collection.

右頁上圖：媽媽把盧卡和我1979年拍的這張照片掛在她房間的牆上。生活照。

右頁下圖：與媽媽和盧卡在佛羅里達度假。沃德斯的親人都在這裡。1987年5月。瑪麗娜‧史派達芳（Marina Spadafora）攝。生活照。

第三章　**永誌不渝**

AUDREY HEPBURN AN ELEGANT SPIRIT: A Son Remembers

左上及右上圖：1970年代初，母親到學校接我。她認為這是必要的。她希望我們能過正常的生活，但我們卻不時地碰到狗仔隊。攝影者不詳。Audrey Hepburn Estate Collection.

左下圖：母親、安德烈和我在納佛那廣場，1974年，就在我因兒童綁架盛行，不得不到瑞士讀寄宿學校前幾個月。這張照片可能是周日拍的。Elio Sorci/Photo Masi攝。

右下圖：母親、安德烈和我在羅馬周日的跳蚤市場。攝影者不詳。Audrey Hepburn Estate Collection.

第三章 **永誌不渝**

左圖：1976年在和平之邸過聖誕節。生活照。

右圖：奧黛麗和她的經紀人柯特‧佛林吉斯（Kurt Frings），在他於比佛利山的家裡，約1984年。她陪他直到他去世。他不只是經紀人，也是我們家的一員。生活照。

131

　　常有人問我，有個名聞遐邇的母親，感覺如何。我總是說，我真的不知道。我認識的她，先是我母親，再是我最好的朋友，一直到後來，我才知道她是個女演員，而且越後來才越知道她是非常傑出的女星。她去世之後，我才明白她感動世界的程度。她激發世人如潮的情感，留給大家永恆的追思，顯示了她貢獻畢生心力的工作獲得了每一個人的認可，他們多年前喜愛的小枝椏已經長成了美麗的大樹。她的確值得大家的愛。

　　我們就像一般人的孩子一樣成長：我們並沒有在「好萊塢」長大，非但不在這個地方，也沒有這種心態。我們的母親從不看她自己的影片，片子拍完了，就結束了。因此我們根本不是「影藝家庭」。我成長的過程並沒有一堆製片人，我也從沒有和這些人的子女一起上學、遊戲。

上圖：與康妮·華德在她比佛利山的家，1980年代。生活照。

下圖：奧黛麗與至交康妮·華德在康妮家，這是我母親的「家外之家」。生活照。

右頁：1980年代初，一場頒獎典禮的後台。我在她上台前陪著她。攝影者不詳。Audrey Hepburn Estate Collection.

第三章　永誌不渝

第三章　永誌不渝

135

左頁：1971年4月。這是在和平之邸的花園所攝，母親抱著我的可卡犬：可姬，因為牠像可樂一樣黑。亨利・寇克攝。Henry Clarke/*Vogue* © Condé Nast Publications.

上圖：和羅伯・沃德斯合影。1989年。生活照。

下圖：母親、羅伯，和我在康妮家。1984年，生活照。

AUDREY HEPBURN AN ELEGANT SPIRIT: A Son Remembers

下圖：和羅伯赴夏威夷大島度假。1988年，生活照。

右頁上圖：保母葛莉塔‧漢莉抱著年方兩歲的奧黛麗，1931年。由於她在聯合國兒童基金會的工作，因此能在50年後的1988年找到我母親。她聽說我母親要赴都柏林，當天就到旅館來。我母親聽到葛莉塔來了，立刻由重重包圍的群眾中衝進她懷裡。她們倆都十分欣喜。愛爾蘭，都柏林，1988年。生活照。

右頁下圖：我放在床邊的母親照片。生活照。

136

第三章　永誌不渝

AUDREY HEPBURN AN ELEGANT SPIRIT: A Son Remembers

我的童年在瑞士度過。我上的是小村莊的學校，朋友都是農夫和老師的子女。在上學的路上有個孤兒院，裡面的孩子同樣也是我的朋友。我還記得半夜被死黨叫醒，因為他家的母牛要生小牛了。我們在黑暗中沿著鐵道奔跑，好趕上母牛生產的盛況，到現在我還記得當時冷風撲在我們臉上的感覺。另一個朋友，我最好的朋友，他家花園和我家為鄰，我們在樹籬下挖了通道，又躲在他的閣樓上玩老火車，是他爸爸做的，後來又由他哥哥加工。

　　我們家搬到羅馬之後，我上的是夏多布里昂法國學校，朋友都是一般家庭的子弟。母親每天都會來學校接我，有時會有攝影師來，但我們都見怪不怪。起先別的孩子叫我「小演員」，但後來他們發現，在班上個頭最高的我當起足球隊的守門員有模有樣，他們就改變了態度。我完全沒有因此感到任何煩惱，也從來沒想過為什麼老是有這些狗仔隊跟著。就像所有的兒童一樣，我也覺得自己的媽媽很漂亮，攝影師拍她有何不可？她的確美麗，不論是內在或外在，不論在各個層面。

　　我必須就學，不能再到片場看她之時，她就不再接戲了。在我上寄宿學校，換盧卡上小學時，她也同樣不接戲。

　　她在一九八八年三月時說過：「曾有一段時間，我得作出抉擇：是要想念拍戲，還是要想念孩子。這是個很容易做的決定，因為我非常想孩子。我的大兒子開始上學後，我不能再帶他到處走，教我非常難過，因此我不再接戲。我退出影壇，在家陪小孩，非常快樂。這和我枯坐家中啃指甲、沮喪焦慮完全不同。我就像其他母親一樣，非常疼愛我的兩個兒子。」

　　我多麼喜歡她帶我去買課本，或者去挑選襪子。我當時認為這是理所當然，現在卻知道絕非如此。

　　她真的是我的摯友。

　　而這一切的神奇之處就在於，她讓我知道我屬於她。一直到她為聯合國兒童基金會赴非洲造訪因烽火而滿目瘡痍的國家之前，她最悲痛的記憶是她父親的不告而別，和三次的流產。

第三章　永誌不渝

上圖：1977年，我們在羅馬的第二間公寓，位於派瑞歐里區。這幀照片應該是上午拍的，因為奧黛麗睡衣外還罩著晨褸。背景是她房間的窗簾。伊利莎白塔・卡特藍諾攝。© Elisabetta Catalano.

她告訴我們，看到別的孩子在他們爸爸懷裡，她感到多麼空虛難過，她多麼希望他也在當場，讓她能夠像其他孩子一樣盡情享受父愛。她一直希望他活著，在世上的某個角落。身為孩子的她不能放棄這種深沉而自然的渴望。也因此，在她與我父親以及盧卡的父親離婚之後，依然盡一切可能，讓我們能和他們保持完整的關係。

　　她也沉重地談到她的流產，和所造成的痛苦，這是她從未體驗過的痛苦：「我覺得自己幾乎要失去理性。」

　　她自幼就喜歡孩子。她說：「對人、對孩子豐富的愛，是我一逕擁有的能力，說不定這就是我的天賦。我自小就愛孩子，常常想在市場抱嬰兒車裡的寶寶，讓我母親非常不好意思。……我畢生夢想的，就是擁有自己的孩子。而這一切的原因都是同一件事：不只接受愛，而且渴望施予……，簡直該說是非得施予愛不可。」

　　對她而言，擁有自己的孩子是生命中最大的歡樂，是她治療自己童年傷痛的機會。也因此，在她晚年，人道主義者口口聲聲談「援助者疲乏」，對濟貧扶弱不再那麼熱中之際，她卻為舉世貧困的兒童發聲：「援助者疲乏和同情疲乏，我們不能用這些術語來談開發中國家現今所承受的駭人折磨──唯一可以稱得上是真正疲乏的，是當作母親的看到她的孩子一個又一個的死亡。」我深信如果她能夠和我們再相處一天，那麼在相見的頭幾秒鐘，她擁抱我們之後，一定會立刻就談到這些孩子。

　　她生命的最後十二年，與羅伯・沃德斯相知相惜，正是他向她引介了聯合國兒童基金會。

　　他們在一九八七年十月赴澳門，應我母親的堂兄，也是前荷蘭駐葡萄牙大使李波德・奎爾斯・范・烏佛德（Leopold Quarles Van Ufford）之請，參加為聯合國兒童基金會籌款的演唱會。她親自撰寫並宣讀精采的演講稿，當時基金會的執行長詹姆斯・葛朗特（James Grant）一眼看出她對兒童天生的情感，邀她出任大使，並提供一美元的象徵酬勞。於是她於一九八八年四月首次展開大使之旅。

奧黛麗與聯合國兒童基金會的合約，訂於1988年4月15日。

「我由衣索匹亞回來，覺得愉快而樂觀。」她首次赴衣之後說：「許多人都告訴我，人們受折磨、死亡，和絕望的景象，多麼可怕，多麼教人難過。沒錯，我見到嚴重營養不良的兒童，雖然他們並沒有像從前那樣成批成批的死亡。但我也見到大家花了多少精神心力協助他們，一點小小的幫助就能讓他們治療病人，灌溉土地，種植新穀物。我了解到，只要這個世界願意多給一點，衣索匹亞的問題並不是不能解決的。」

「如果大家依然對我有興趣，」她在1988年說：「如果我的名字能夠讓人願意聆聽我的話，就太好了。但我並無意要推銷奧黛麗‧赫本，我要做的是，告訴全世界他們該怎麼協助衣索匹亞，告訴他們為什麼我離開時，抱著樂觀的態度。」

的確如此，這樣的想法持續了一段時間，她見到隧道另一頭的光。但接著卻發生了索馬利亞事件，沒有任何事物可以讓她作好準備，承受這樣的情況。完全沒有。

第四章　置身其中

奧黛麗自索馬利亞回來之後，一直抱怨肚子痛。

因為嚴謹的教養，因此她從不向盧卡和我提這件事，但沃德斯知情，他們去看了幾位瑞士當地的專家，眾說紛紜，因此她決定趁一九九二年十月來洛杉磯的時候，作個仔細的檢查。

我在洛杉磯國際機場看她走下停機坪，覺得她似乎又疲憊又緊張。我眼前的這位女士從來不搭頭等艙，偶爾沃德斯和她會為對方買商務艙的機票，當作特別的禮物，外出度假，或者執行聯合國兒童基金會的任務，但我們幼時，她在歐洲旅行一直都是搭經濟艙。她認為在還有這麼多人在捱餓的時候，坐頭等艙是不恰當的。同樣的，她也覺得車子只是交通工具，安全耐用就好，所以我們的車都是富豪和奧迪。

我母親不開車。雖然在七○年代，並非所有作媽媽的女性都會開車，但我還是忍不住要問她為什麼。原來在一九五○年代，她考上駕照後不久，我父親就為她買了一輛嶄新的雷鳥。一天她由片場駕車回家，和一名婦女擦撞，雖然對方明知是自己的錯，態度卻很惡劣。

母親回家後，把事情的經過告訴了父親，他氣壞了。等那名婦女發現母親是誰之後，提出了控訴，以為可以讓母親息事寧人，或至少不要伸張她的權利。這一切——事情發生之後的恐懼、失望和因此事驚擾所有的人所引發的憤怒，使她決定賣掉那部車，永遠不再開車。她覺得開車的人必須要有某種程度的攻擊性，而那是她沒有，而且畢生都學不來的。在羅馬和巴黎開車，絕對是如此。

到一九九二年，母親為聯合國兒童基金會工作已經進入第五年，工作非常緊張，行程極其繁忙。有時因為機票是捐贈的，母親和沃德斯得轉機數趟，才能到達開發中國家的目的地，這使得行程更長了，但沃德斯把它當成分段旅行、減少時差的方法。接著他們又得赴已開發國家，接受訪問，談她所看到聽到的一切見聞，到各處亮相，參加兒童基金會籌款的活動。他們一年要這樣做好幾次，只有幾周可以休息，恢復時差，接著再度上路。

我們常常聽到她轉述所見所聞，那些可怕的故事。如果凝視她的眼睛，就會看到她因這個世界對待未來主人翁的方式所感受到的失望！曾有人問她，為什麼她不眠不休，為這個世界上的苦難兒童奮鬥？這些孩子的痛苦和折磨，其實都是來自新興政府或反抗軍的政治戰爭機器，我們無能為力。然而她的回答卻一貫都是：「這就像你安坐客廳，突然聽到門外傳來輪胎煞車的可怕摩擦聲，接著是碰的一聲。你的心怦怦的跳，急著開門奔上前去，只見有兒童被撞倒地。在那當下，你不會停下來追究是誰的責任——是駕駛太快了？還是孩子為了追球跑上馬路？你只會趕緊把他抱起來，直奔醫院！」她的看法就是這麼單純。

平時，母親和我每周至少會通一次電話。她由索馬利亞回來後，我們也通了話，這是我畢生中頭一次感到她的聲音中有教人不安的烏雲。她說：「我剛由煉獄回來。」我想多了解一點，但她說，等她到洛杉磯再談。

我母親在數以百萬索馬利亞孩童臉龐上看到的，是某些人為了一己之私，而不顧未來。索馬利亞最糟糕的是完全沒有基礎建設。在如越南這些國家，她還能夠夢想：終有一天能重建醫院、學校和道路，但在索馬利亞，一旦出了首都摩加迪休，就沒有學校、沒有醫院，甚至連道路亦付之闕如。

146

她曾說我們該研究和平：「我們有很多研習戰爭的方法，甚至在大學教授這門課程。如果我們能有地方學學如何創造並維持和平，豈不是很美好？該有專門研究和平的大學。」

每年聖誕節，我們全家共聚一堂，她就會談到她的旅程和所見到的兒童、所接受的訪問，她談到她向美國國會議員發表演說，教她多緊張：「他們很有趣，要回答這麼複雜的問題很不容易，再加上有些關於衣索匹亞的問題出人意表，談到政治情況、咖啡和葡萄柚──但我聽說在這次會面之後，美國增加了對衣索匹亞的經援，教我感到十分滿足。」

她從不居功，因此沃德斯補充說明：「光是在美國眾議員面前露個面，就讓他們把今年對索馬利亞的預算加了六千萬美元。」我們滿懷驕傲，凝神諦聽。等他們說完了今年的經歷，我們才明白她又為了這崇高的任務，奉獻了一年的光陰。但我們也看到她有多麼疲憊，不由得心疼地問：「你什麼時候才要休息？」我們知道我們不可能要她停步，但希望她可以留點時間，享受辛勤工作的果實。

然而，一切都是枉然。

147

洛杉磯的醫生又讓她做了一連串的檢查，最後的答案同樣莫衷一是。他們建議作腹腔鏡檢查，我們讓她住進西達斯·西奈醫院，在一九九二年十一月一日作了手術。兩個小時後，醫師進了家屬休息室，告訴我們，他們在她身上發現了由盲腸轉移而來的腹腔癌。

先前沒有醫師察覺到這個癌症，因為內視鏡照不到盲腸，它的角度太陡了，很難看清轉角的部位。這個我們所知不多的小東西正是讓她喪命的元凶。盲腸──究竟是我們完美身軀存放所有不消化小東西的場所，還是靈魂收容所難忍傷害的地方？

這種癌症進展得很慢，也許長達五年，它並無腫塊，而是以薄膜的方式轉移，包覆了她的腸子。醫師建議作治療，並表示有時治療可能減輕病情。

她感覺到的疼痛來自迴腸的扭絞，由於養分越來越難通過這段小腸，因此造成痙攣。他們去除了一呎長的腸子，並把傷口縫合。

這一切都沒有意義。但我們還是做完這一切，進了恢復室。我們把這個消息告訴她，她沉默了一下，沉著地說，她早就知道病情絕非她在索馬利亞染上了的寄生蟲這麼簡單。為了這個寄生蟲，她還忍受了當時效力最強、最有破壞力的抗生素「佛萊格爾」。她要我答應，萬一我有事，也絕對不能聽任何人的話服用這種藥。

她忙著餵飽數百萬兒童，然而現在她卻躺在那裡：自己什麼也不能吃。為了要讓她的身體有時間復原，因此醫生採用全靜脈營養療法：用一種黃色的液體提供基本的養分，經由靜脈注射，以便讓消化系統休息。

她曾向我們描述過聯合國兒童基金會提供給難民營中數百萬兒童的玉米麵餐，我們也見過瀕死非洲兒童的照片，他們因為嚴重脫水，因此必須打點滴。

現在她也置身其中。

我們得先等她的傷口復原，才能開始作化療。全家人白天輪流照顧她：我通常在早上去看她，然後以有工作要趕為藉口去辦公室，然而實際上，我在辦公室往往會花數小時閱讀、研究、打電話給所有的治癌中心，搜尋最新的療法和資訊。不幸的是，我很快就得面對現實：唯一的療法是一種自一九六〇年代就採用的特別藥劑──5FU Lucovoril。突然，一九六〇年代簡直就像中世紀一樣古早。

一周後，我們帶她「回家」──她至交康妮・華德的家，她每次到洛杉磯來，必然住在這裡。

康妮和母親結識，是在奧黛麗拍完《羅馬假期》後初次造訪洛杉磯時。康妮那時嫁給了傑瑞・華德（Jerry Wald），他是史上作品最豐富、也最具創意的製片人，此後康妮和母親結為好友。我們經常到他們家聚餐，餐後她們會爭著洗碗盤。康妮稱我母親「露比」，好像她就是電視影集《樓上樓下》中，那位教人受不了的專制老女僕一樣。母親總是懇求說，一個好客人至少該有洗碗的權利。她們倆一起煮菜、一起歡笑，相親相愛。這裡的確讓她賓至如歸。然而這一次，回家的意義卻大不相同，在這沉重的一刻能夠有個可以休憩的避難所，能夠有個朋

友為她紮紮實實燉一鍋雞湯，是多麼幸福！

第一次化療的時間到了，一切都進行得很順利：沒有副作用，預定一周後作下一次化療。然而後來療程並未如期進行，因為幾天之後她又發生了一次嚴重的腸阻塞，造成極度的疼痛，就連手術後服用的止痛藥也沒有用。我們懷抱的希望只維持了幾天，大家小心翼翼地陪她在游泳池畔散步，晚上聚在一起看電視，圍著她的床坐在地上，欣賞喜劇，如英國電視劇《非常大酒店》和「Discovery」頻道的大自然奇景，她提到她多麼喜愛它們，大家則向她保證，大自然的奇蹟將永遠存在，美麗而單純的生命，不論如何都將持續。

醫師都希望她盡快動手術。

一九九二年十二月一日是我畢生最難捱的一天。我們準備送她回醫院，而正當大家忙成一團，各盡職責之際，母親和我在她房內有片刻獨處的時間。我正在幫她穿衣，在這瞬間，她百感交集，轉過身來，兩眼噙著淚水，緊抱著我啜泣。我緊摟著她，她低語道：「喔，西恩，我好害怕。」我站在那裡，盡全力擁抱她，只覺得自己的心碎成一片一片。

我向她保證一切都會很順利，也答應她我們會一起走完這段路，如果情況危急，我一定會告訴她……，要鼓起勇氣，因為我們還沒有走到終點。這是母親唯一一次讓我看到她多麼害怕。我年輕時常和她討論人際關係、愛和生命的本質，我們是真正的朋友，只要一個人出了什麼差錯，另一個人一定會知道。我們有幸有這條精神上的臍帶。有人說，到人生的某個時期，我們就得照顧父母，我也常常想像父母親年邁衰老，無法照顧自己，要人扶持，然而這卻不是那種情況。

我們倆都知道未來不是很光明，但樂觀的精神卻讓我們期盼、希望、相信，就像孩子們相信第二天一早一切都會變好一樣。我們開我那輛一九七三年的別克敞篷車去醫院，狗仔隊已經在附近覬覦多時了。

就我記憶所及，狗仔隊一直是我們生活中的一部分，不論我們外出吃飯，或是度周末，只要她來學校接我們，或是外出購物，狗仔隊就會蜂擁而上，尤其是在羅馬。我還記得周日外出用餐，全家坐在繼父車後座上，繼父左彎右拐，想要

穿過羅馬街道的迷宮，把他們甩掉。我永遠也忘不了母親帶我們去參加史波雷多藝術節，這是在托斯卡尼和安布利亞交界處迷人中古小城舉行的古典芭蕾戲劇節，當時我才剛完成第一部電影工作返家。在將近一年的拍片過程中，我蓄起鬍子，現在回想起來，我當時的心態一定是不想讓大家知道我才只有十八歲。狗仔隊在史波雷多堵到我們，拍了幾張我們正趕去看晚場表演的照片。第二天，照片見報，標題是：「奧黛麗‧赫本和新愛人」，我們看了都不禁大笑，因為他們顯然不知道我是誰。母親說：「如果把那個新字拿掉，他們倒猜得不錯。」她把報紙剪了下來，裝裱起來。

除了這個事件之外，母親一想到狗仔隊經常闖入她的私生活，就不寒而慄。她知道該如何應付他們，但她又覺得他們之所以存在，都是她的錯，因此他們侵犯我們的生活，也都得歸咎於她。不過面對他們，她還是維持一貫的親切、有禮，和尊重。

連我們都還不知道她的癌症病情有多嚴重，這些八卦小報就已經用聳動的標題判了她死刑。幸好我們擋著媒體，不讓他們接近她。他們怎麼可能知道開刀房中只有少數人疑心的病情？他們怎麼知道連家人都還不知曉的細節？那天早上，我們開我的車上醫院，因為我們覺得，狗仔隊一定不會想到奧黛麗竟然會乘坐吃油這麼凶——雖然還是很可愛的老骨董車，果然給我料中。她躺在車子後座，我們把車開出車道時，他們只能看到我太太和我。這條妙計奏效了，他們沒有跟上來。

於是在一九九二年十二月一日那個下午，我們又開始等待。這回我們被醫師叫進開刀房旁邊的準備室，進開刀房還不到一小時。他說病情發展已經失控，他無能為力，只好把傷口縫合。接下來病情的進展會非常迅速。這些言詞在他的口中糊成一團，房間牆壁也一片朦朧，一切都放慢了腳步。沃德斯只勉強說了一句：「這麼難得的一個人。」

我可以感覺到一股乾澀的孤寂爬上喉頭，她現在可能已經醒過來了。我深吸一口氣，走進恢復室。她看起來很平靜。一切都結束了。她從不畏懼死亡，只是

不想受到不必要的折磨。我們先前就已經約定，我一定要控制好，不讓她痛苦。我坐在床邊，她仰頭微笑，告訴我有個瘋女人竟然把她搖醒，問她要不要投票，柯林頓快要勝選了。我記得幾個小時——還是幾天前？——我還在擔心他會不會成功。她告訴那位女士說她不是美國人，因此無權投票。後來又有一名醫生教授帶著全班學生來，再度把她叫醒，讓滿室的年輕人盯著她肚子上的切口瞧。

醫院竟成了傷害、混亂的場所。我只覺得血液暴衝到喉頭，但現在不是生氣的時候。

於是我告訴她——我轉述了醫生告訴我們的話，說情況太糟，無法開刀。她別過頭去，平靜地說：「多教人失望。」就只有這句話。我握著她的手，覺得這是我畢生最無能為力的一刻。

就某方面而言，我母親那天就去世了。我們倆都靜靜地坐在房裡，手握著手，在沉默中思索。

或許現代醫學所能提供最好的一件事就是：早期診斷，讓我們有機會能夠把借來的時光發揮得淋漓盡致，而不會因為摯愛突然消失而驚駭哀傷，後悔遺憾沒有機會交換心聲，沒有機會說：「謝謝你」，或「你是我的一切」。

那是我們所有人的最低潮。接下來兩個月的時光雖然痛苦，但卻美麗。我們不再等待，不再疑心焦慮，或者覺得無能為力。我們只知道相親相愛，實實在在地活在當下，彷彿明天就是最後一天。

我們在瑞士的家庭醫師說：「如果你能好好地活，那麼你也能好好地死。」我母親有幸，在生命的盡頭能兩者兼得。

我們回到康妮的家。幾周後，透過母親摯友紀梵希的慷慨賜予，我們搭上這位密友的私人飛機，飛回瑞士的家園。我母親畢生從不炫耀賣弄，我們從沒有想過這樣鋪張的排場，而雖然她負擔得起，卻絕不會有這樣的提議。因此雖然大家心頭悲喜交集，卻很高興能夠這樣風光的回家。我們一直在想辦法讓她回家過聖誕節，希望能和航空公司交涉，搭載病人。我告訴她紀梵希的一番好意之後，她雙眼盡是歡喜和感謝的淚水，要我趕緊撥電話給他。我們聯絡上他，她因情緒激

動，幾乎說不出話來，只喃喃說：「喔，休伯特……*je suis si touchée*（法文，我好感動）。」

她掛上電話後，像孩子一般抬起眼來，好像不敢相信他剛向她說的話似的：「他說我是他生命中的一切。」我相信這樣的情感是雙方面的。

休伯特・紀梵希不只打點她的外在穿著，而且他本人也是男性的典範。她告訴我們：「要做紳士，首先得做個溫文儒雅的人。」他正是如此。他們倆合作，創造她的外貌，表現她的風格。在她看來，他創作的服飾就像美麗的花瓶，為原本樸拙的野花增添丰采，而他卻認為這些服飾必須盡量簡單，才不致奪去花朵本身的天然之美。兩人合作的結果是，她常被稱為舉世最優雅、最有風格的女人，但這種優雅的根源在於他們倆內在的價值觀，適時適所，不是要炫麗奪目，而是要謙遜樸實。

紀梵希常開玩笑說，即使我母親穿上裝馬鈴薯用的布袋，也一樣優雅。但究竟什麼才是讓她聞名遐邇的那件「小小的黑色洋裝」？它豈不就像出自真心而非飽滿荷包的禮物包裝？那是我們所有人心目中，不論是女兒、姊妹，或母親的角色，都能夠自自然然面對全世界的形象。它象徵的是出自純真想法的美好價值，而非浪擲金錢的過度包裝。

我母親認為，女性應該找出適合自己的打扮，然後運用服飾和四季的變換作點綴裝飾，而非作時尚的奴隸，一再地改變自己的外貌。她常教我們打扮要樸實：「寧可便服出席盛裝場合，也不要在一般場合中成為唯一盛裝與會的人。」

152

右頁：奧黛麗和紀梵希，1982年在巴黎塞納河畔漫步。他倆自初識以來，已近三十年，工作已經完成，留下的則是美好的回憶，和終生的友誼。賈克・史坎迪拉瑞（Jacques Scandelari）攝。Audrey Hepburn Estate Collection.

她的服飾原則其實比較貼近老派的紳士。找出符合自己風格的裝扮，以不變應萬變，通常這樣的想法更適合男性而非女性。而由這樣基本的原則，也發展出裝扮應該適時適所的做法。在她研究劇本中的角色時，一定會考慮到她該在這樣的場景下作什麼樣的打扮，而非只顧到衣著好不好看。

　　有紀梵希在，她根本不必擔這個心。她還認為，衣服一定要要求最好的質料。有位古巴母親曾說：「便宜貨最後反而會代價昂貴，而昂貴的東西最後卻證明物超所值。」超乎合理價格的便宜，或許不如較貴而品質較好的東西耐久，雖然貴未必就表示品質好。

　　鞋子對我母親而言非常重要，它們正是這種品質論的基礎。如果有一雙好鞋──寧可大半號而非小半號，穿久才不致變形，也不會傷腳或影響發育，那麼你就可以搭配簡單樸實的衣服。鞋子設計大師薩爾瓦多‧費洛加莫（Salvatore Ferragamo）是我母親的好友，他曾在自己傳記的序言中說，看到人們為了時尚或虛榮而傷害、折磨自己的腳，會教他多麼痛苦不安。或許這就是他之所以成為歷來最偉大製鞋家的原因。他的動機非常單純，而且他真心關懷。東方的哲人認為，腳是我們精神性靈之所在，果真如此，那麼能夠裝扮人的精神性靈，是多麼美好的工作！

　　「少即是多」是我母親基本的「裝扮」理念核心。紀梵希記得，當年他在工作室中接到一通電話，說赫本小姐正在巴黎，想要來看他，討論是否能在下一部片中合作。約好會面時間之後，他一想到要見凱瑟琳‧赫本小姐，甚至和她合作，就開始擔心。

　　如今紀梵希回想起初見奧黛麗而非凱瑟琳‧赫本時的驚訝，不禁笑了起來。這個獨特的頑童一身威尼斯船夫的裝束，在他工作室門口現身。兩人一見如故的合契，迄今在他心頭依舊歷歷如繪。此後他設計服裝，心裡總有母親的影子。

　　風格是我們常用的名詞，有各種各樣的目的。就我母親而言，風格是內在美的延伸，因為紀律的生活、對他人的尊重，和對人性的希望而更實在。如果她的

服裝線條乾淨俐落、優雅動人，那是因為她相信簡單才有力量；如果它們不褪流行，那是因為她重視品質；如果她今天依然是風格的象徵，那是因為她一旦找到自己的風貌，就終生保持下去。她不會隨流行起舞，不會每一季都換一個面貌，她雖愛時尚，但卻把它當作和她外表相輔相成的工具。

「好好注意你的衣著。」她常說：「因為它們就是別人對你的第一印象。」因此每當她現身，她的衣服永遠不會嘶喊：「看看我！」而是「我就是這樣……，和你差不了多少。」而且她真正相信這點。她從不認為自己有什麼特別或出奇之處，這正是她努力工作，永遠和氣待人、維持專業的原因。她的風格是她本質的延續，她是我們全都衷心仰慕的人，因為我們心知，我們所見到的不只是漂亮的包裝，而是百分之百真誠的人。

155

下圖：1960年，我母親和紀梵希已經成為朋友達七年之久，他在我受洗時曾來訪，還送了一件受洗袍，我們迄今還保存著。梅爾・法拉攝。

右頁：與紀梵希在《龍鳳配》片場。1953年11月3日，這是他們頭一次合作，日後還有多次這樣的經驗。Audrey Hepburn Estate Collection.

156

第四章　置身其中

左頁：《第凡內早餐》。這個鏡頭用間歇性拍攝法，讓奧黛麗靜止站立在整個影像的中央，掌握了《第凡內早餐》中的宴會場景。許多人都說，我母親就算穿上棕色紙袋，都會很優雅。我非常喜歡她在這個鏡頭裡所披的窗簾。© Paramount Pictures. All rights reserved.

上圖：《龍鳳配》試裝照，1953年9月22日。© Paramount Pictures. All rights reserved.

AUDREY HEPBURN AN ELEGANT SPIRIT: A Son Remembers

下圖：《龍鳳配》劇照，女主角莎賓娜由巴黎回到美國，在火車站前，威廉·荷頓駕車經過，注意到她，順道載她回家。他完全沒想到她竟是自家司機的女兒，她住在車庫樓上，從小就對他情有獨鍾。1953 年 10 月 6 日。

右圖：《第凡內早餐》，1961 年。每位演員都會有一部魅力十足的影片，一提到那部電影，就會想到她。對我母親而言，那就是《第凡內早餐》。

左頁與左上圖：《第凡內早餐》劇照，1961年。
© Paramount Pictures. All rights reserved.

左下圖：《巴黎假期》，這是我母親唯一提過「不如」其他作品的電影，不過拍片的過程卻十分有趣，因此她常告訴我，不要把影片的拍攝和結果混為一談。文森・羅塞爾（Vincent Rossell）攝。

右上圖：《甜姐兒》，宣傳照。© Paramount Pictures. All rights reserved.

右下圖：《巴黎假期》，宣傳照。© Paramount Pictures. All rights reserved.

AUDREY HEPBURN AN ELEGANT SPIRIT: A Son Remembers

上圖：《謎中謎》，劇照，與她合演的是卡萊‧葛倫（Cary Grant）。這部在巴黎拍攝的電影，導演是史丹利‧杜寧。Courtesy of Universal Studios Licensing, LLLP.

右頁：奧黛麗在《謎中謎》中穿著紀梵希經典的外套和帽子。經典裝扮、經典節奏、經典電影。文森‧羅塞爾攝。

第四章　**置身其中**

左頁：奧黛麗1954年在義大利佛羅倫斯薩爾瓦多·費洛加莫的工作室。兩人美好的友誼始於1954年，到奧黛麗七十冥誕時，這段友誼結出豐碩的果實。每年營業額逾五億美元的時尚鉅子費洛加莫宣布與奧黛麗·赫本兒童基金會攜手合作，為籌建位於新澤西州哈肯薩克大學醫學中心的奧黛麗·赫本兒童之家一起募款。這個機構花了六百萬美元經費，於2002年開始運作，每年將治療上千件虐童病例。籌款方式除了透過美國聯邦政府及州政府之外，還包括費洛加莫所辦的「奧黛麗·赫本：一個女人，風格」展，由歐洲到遠東地區，巡迴展出達兩年之久。佛多·羅契·費藍茲攝。

左上圖：《偷龍轉鳳》，1966年。皮爾魯吉攝。Pierluigi/Reporters Associati.

左下圖：《偷龍轉鳳》現場，與彼德·奧圖和導演威廉·惠勒合影。

右下圖：與傳奇女高音瑪麗亞·卡拉絲（Maria Callas）合影，1966年。皮爾魯吉攝。Pierluigi/ Reporters Associati.

右上圖：《偷龍轉鳳》。© 1966 Twentieth Century Fox. All rights reserved.

167

AUDREY HEPBURN AN ELEGANT SPIRIT: A Son Remembers

上圖：《黃昏之戀》。雷蒙・馮奎爾（Raymond Voinquel）攝。© 1957 Allied Artists Pictures Corporation. All rights reserved.

下圖與右頁：《黃昏之戀》。© 1957 Allied Artists Pictures Corporation. All rights reserved.

第四章　置身其中

169

左頁：《甜姐兒》的宣傳照片。巴德・法藍克攝。© Paramount Pictures. All rights reserved.

上圖：《甜姐兒》宣傳照。與李察・艾弗登（Richard Avedon）在片場。攝影者不詳。Audrey Hepburn Estate Collection.

172

左圖及中圖：柏特・史登（Bert Stern）攝，1963
年。 Bert Stern/*Vogue* © Condé Nast
Publications.

右圖：西索・畢頓攝，1964年。Cecil
Beaton/*Vogue* © Condé Nast Publications.

右頁：柏特・史登攝，1963年。Bert
Stern/*Vogue* © Condé Nast Publications.

第四章 **置身其中**

左頁：紀梵希的香水「禁忌赫本」廣告。1967年，紀梵希推出他第一款香水「禁忌」，由於他把香水獻給我母親，因此這也是舉世第一支名人香水。為配合香水上市，這幀照片見諸全世界各大雜誌。2002年，我們和紀梵希香水合作，推出這款香水的「現代版」。柏特・史登攝，© 1966年。

下圖：奧黛麗和紀梵希連袂出席1983年4月東京「高級時裝」展。1983年，我們全家都赴東京，慶祝紀梵希三十周年。沒有人料想到奧黛麗首次赴日會受到這麼熱烈的歡迎。如今她在日本還是最受喜愛的女星。攝影者不詳。Audrey Hepburn Estate Collection.

175

第五章　靈魂沉默

第五章　**靈魂沉默**

索馬利亞是我母親擔任聯合國兒童基金會大使造訪的最後一個國家，可能也是最重要的一個。當地的情況一團糟。母親和羅伯等了很長的一段時間，才籌齊所需的款項，展開旅程。然而她問到核發簽證的是哪個單位時，答案是一抹微笑：「不用簽證，因為沒有政府。你們只要能飛入境內，祈禱自己不會被射下來就好了。」

這個世界還沒有機會由第一手的觀點看到集體大屠殺，或是成千上萬的人在難民營餓死的慘況。在我母親赴索馬利亞，報導她的見聞之後，各種援助紛紛湧現。整個世界社區終於針對這樣的大災難，採取了一些姍姍來遲而且方向還不太正確的行動，對此，我由《戰火情人》一片的震撼場景中，約略有了一點概念。

雖然母親的努力獲得一些美好的果實，但索馬利亞之行卻讓她深切感受到我們社會的不公，和社會對待下一代的不義。她在訪問中曾表示：「我滿懷對我們自己的義憤。」她怎麼可能不？在經歷戰亂，聽到全世界悔恨地宣告：「絕不再重蹈覆轍」之後，卻不幸地看到它再度發生，而且持續下去，一次一次又一次。

179

AUDREY HEPBURN AN ELEGANT SPIRIT: A Son Remembers

在此同時，她也覺得她已經在聯合國親善大使任期中，作出了最有意義的貢獻：因為社會大眾對她的興趣，使媒體不約而同，報導索馬利亞的困境。

我們曾經誓言，絕不讓納粹大屠殺的慘劇重演。然而教人悲哀的是，她告訴我們：在非洲，每一天都在進行大屠殺。成群結隊的難民並非在強迫之下來到難民營，而是出於無奈，一波波一群群筋疲力竭地到來，希冀在難民營找到最後的避難所。他們不再因為不能填飽自己或家人的肚子而感到羞恥難為情。他們往往已經喪失去了摯愛，不得不接受失敗的命運，才肯離開祖先的家園、他們的根、他們唯一的驕傲和珍寶。

我揣想：或許我們之中有些人，會暗地裡以輕蔑的心評斷他們，疑惑為什麼這些人經過這麼多年，依然不能發憤圖強。然而，該怎麼發憤圖強？在這些「開發中國家」——這個詞根本矛盾，因為以我們的標準來看，這些國家根本沒有基本的基礎建設，更沒有什麼好開發的，一旦你離開首都，就沒有道路、學校，或者醫院。也因此，在我母親去世之後，我們所做的第一件事，就是在聯合國兒童基金會美國基金下，另闢奧黛麗‧赫本紀念基金。她相信唯有透過教育，才能作出改變，這就是我們設立紀念基金的目的。我們在她認為最需要基礎建設的四個非洲國家：索馬利亞、蘇丹、衣索匹亞，和厄利垂亞，展開教育計畫。基金成立五年之後，我們又把盧安達加入待援國家名單。如今基金發展更具規模，我們也參與聯合國兒童基金會的「貧童就學」十年計畫，希望能讓全球一億兩千萬名兒童接受基本教育。

不要相信別人說的：因為殖民結束，才造成這些地方的未開發；或者這樣的貧困，證明這些地區的人民無能管理自己。母親一定會說：「非得先獲自由，才能組織自己。」不幸的是，殖民國家留下來的各種基礎建設只是一時的，而殖民地的居民卻沒有受過教育，無能維持這些建設。她常說：「像越南或古巴這樣的國家，受教育的人口比例甚至比美國更高，而且又有基本的建設，因此他們必然能夠自力更生。」

「還有比孩子更重要的事嗎？」她在訪問或演講開頭，往往會提出這樣的問

題，她不僅僅聰明慧黠，而且也真心認為這個問題的核心有不容置疑的真理：
「有嗎？有比我們人類生存下去更重要的事物嗎？在你的人生當中，愛、關懷、
照顧、溫情、食物、教育這些東西有比在兒童時期更重要的時候嗎？」

　　不知為什麼，「全球」這個詞好像只有和「經濟」連在一起的時候，才會引
起注意。在巴西和日本的經濟開始崩潰，我們投資在股市的寶貴資產縮水時，大
家焦慮不安、緊張擔憂，但我們不知所措，只能等待，觀察。然而她常常提醒大
家，如果我們的孩子因飢渴或缺乏食物而死的時候，我們卻不能「等待、觀
察」，何況要挽救這樣的問題，平均每人每年的花費才不到一美元。

　　她還會提醒我們，在地球五十六億人口中，有三十億人每天的生活費不到兩
美元，另有十三億人每天的生活費不到一美元——有十五億人沒有乾淨的飲水可
喝。也就是說，我們只有九億人，而他們卻有四十七億，他們與我們的比例是五
比一。她不禁思索：我們需要多久，才能縮減這樣的比例？「他們的孩子因飢餓
而死，而我們的孩子卻過度肥胖，難道這樣是對的嗎？」

　　一九八八年三月，她曾說過：「自有世界以來，就有不公平存在。但這個世
界是休戚與共的，尤其全球的距離越來越短，世界也越來越小。擁有較多的人該
施予一無所有的人，這是毋庸置疑的道德義務。」

　　她時常提醒我們，只要我們（工業化國家）國民生產毛額的百分之一的一
半，就能破解這個噩夢。如果我們的孩子發現我們錯過這個千載難逢的機會，會
怎麼評斷我們？

　　我瀏覽她的研究資料——大疊大疊的文章，成百上千的報告，發現她把下面
這幾段話劃了線，這些話來自世界銀行總裁詹姆斯・沃爾芬森（James Wolfensohn）
先生，以及聯合國兒童基金會的報告和報紙報導。

　　　「第三世界的四十七億人口，需要美國雇用四百萬的人力。第三世
　　界的需求和經濟，以兩倍於我們的速度成長。如果這四十七億人口代表
　　了全世界百分之十八的國民生產毛額，那麼再過二十五年，它就會佔全

AUDREY HEPBURN AN ELEGANT SPIRIT: A Son Remembers

球國民生產毛額的百分之三十。……他們在努力奮鬥的同時，也污染了我們空氣、水，和環境。誰該付出代價？我們！我們的子孫！早在他們有採取任何措施的能力之前，它們就會影響我們的生命，其實這個情況早已經發生了，臭氧層的破洞就是典型的例子……，為什麼美國要挑起這個問題的重擔？因為美國代表了全球百分之五十五的經濟，就像日本代表了遠東地區百分之七十五的經濟一樣。如果你再把工業化國家的國民生產毛額納入計算，就會發現它們佔了全球百分之九十的經濟。」

「你疼痛過嗎？」她會提出這樣的問題：「如果你痛過，就會知道如何以藥物止痛。」她會呼籲：「這四十七億人口就置身在種種形式的痛苦之中：喪失至親、飢餓、疾病、飢荒、戰爭、賣淫、剝奪人權、酷刑。然而他們卻表現出崇高和尊嚴。」

182

面對規模如此龐大的大災難，教我總忍不住出言嘲諷。然而我可以向大家保證，不論是沃爾芬森先生或是我母親，他們談到這些重要的議題時，絕不帶絲毫諷刺的意味。相反地，他們語氣的真摯崇高，一如他們在這些受難者身上之所見。

我母親喜歡下面這一句義大利用語：「Tutto il mondo e paese（世界是個村落）」。不論你到哪裡，這些問題永遠都存在。而這也正是沃爾芬森先生自任職世銀總裁以來，在三年半走訪八十五國所得到的心得。

「我了解到的第一件事就是，人心都是一樣的。

不論你去的是貧民窟，或是非洲中部的小村莊，或是巴西的破落區，作父母的（如果父母俱在）或是作母親的，永遠都關懷子女的未來。我了解到的第二件事是，這些人不要施捨，他們要的是機會，是可能性。

就我的經驗而言，貧民窟和窮鄉僻壤的居民是最崇高的人。我有一

半的時間花在貧民窟和村落裡。以人的價值來看，你不該為他們感到難過。或許你會為他們生存的情況而難過，但他們有極偉大的心靈力量，這是我先前從不了解的。我從不知道文化在這些地方的力量。

　　我常常旅行，住旅館，上遊樂園，卻從沒有進過任何一個村莊。我從不知道馬利──舉世最貧困的國家之一，竟有兩千年的歷史，它的國土曾遠及埃及。我從不知道中美洲的傳統竟可追溯至三千年前。如果我們能給他們機會，那麼他們必然會有極精采的表現。我擔心的不是這些人，而是在已開發國家，我們這些有能力改變世界的人卻別過頭去，不願面對這些問題。我對這些置身逆境者所抱持的態度，比以前更樂觀，我相信這些人能有作為。但我卻因我們國會中你來我往冗長的辯論感到極度的灰心──全世界的國會都把更有遠見的課題擺在一旁，而忙著討論明天的大選承諾。這不只是美國的問題，世上欠缺擁有中期和長期願景的領導人物，而大部分的世人則因為短視，也並不在乎。

　　或許我只是曠野中的一個聲音。我在世銀的上萬名同僚，也許同樣只是曠野中的聲音，但我由自己六十多年來的人生經驗中得知，我們所致力的，的的確確是讓我們的子女、孫子女有所不同的關鍵。我對此毫無疑問。」

他所見到的，必然是我母親曾見過兒童的父母。

有趣的是，雖然我母親深受這些話語感動，但我想她自己卻不會說得這麼深入精采。她太尊重政治家和經濟學者，認為他們能夠解決這個問題，她知道自己該站的位置，而她覺得這不是她擅長的事。

但她很了解自己所談的課題。她曾和我們談過「人性的內在能力」。她盡可能讀過一切相關資料，充實自己，直到她熟悉這些課題為止。她覺得身為演員，在這個嶄新的人道世界居於下風。

我該斗膽地說，她把這些事物記在心裡，反覆思量，恐怕遠比任何以此為終

身職志的人都更投入。

　　然而她卻沒有料到在索馬利亞的所見所聞，會引發她如此深切的情感反應。有誰能夠預見這些呢？即使是終生投身醫療事業的專業護理人員，也不可能作好準備，面對她所見證的這些痛苦。

　　然而她心中的溫和高雅卻包容了她憤怒的情緒。她只說：「我不相信集體的罪愆，只相信集體的責任。」那是什麼意思？難道我們全都得為非洲某個垂死的孩童負責嗎？

　　前美國第一夫人希拉蕊・柯林頓曾用一句非洲諺語做為她寫的書名「同村協力」，原意為：培育一個小孩，需要整個村子同心協力。我母親也常說這句話，不過她是用下面的方式來解釋它：「父母親不夠、老師不夠、醫生不夠、朋友也不夠，但集我們所有人的力量，卻能有機會達成目標。」母親的意思不是說，照顧地球上每個孩子是我們個人的責任，但她相信，在人權處於危急存亡的關頭時，我們一定要想出辦法，撇開政治和經濟的立場才行。

184

　　如今各大企業全都相互合併，以降低成本；歐洲已經結合成歐盟；加拿大、墨西哥和美國也都有自由貿易協定。慧眼獨具的作家把地球的未來描述為聯邦，我們也夢想未來不再有疾病，能夠作太空旅行。只要有電話線，網際網路就能讓我們隨時隨地和人溝通聯繫，然而全世界卻依然有百分之五十的人口從沒有接過任何一通電話。

　　母親要我們繼續堅持，不能滿足、不能休息，直到我們改變了歷史的軌跡——或許不是在我們有生之年，而是在我們的子孫取代了我們之後。如若不然，他們就得付出代價，外加利息和罰鍰。最重要的是，我們會喪失整個世代的兒童：和我們的子女同樣珍貴的兒童。

　　所有工業化國家國民生產毛額百分之一的一半，就是建設這些開發中國家，讓他們能夠自力更生之所需。而殘缺不全的生命在十年、二十年、三十年之後，會耗費多少成本？如果一個孩子見到周遭全是破壞，我們又怎能期待他參與未

來，再度信任世界？

母親說：「如果我能用短短一句話道出他們的困境，那麼我終生都會這樣說：衣索匹亞的人民所需要的只是協助他們，讓他們能夠自立，這是他們熱切的期盼。我們可以說，聯合國兒童基金會給了他們鏟子，讓他們挖掘清泉，我們期待的是，他們掘的不是子女的墳墓。」

她從沒有看到這些人伸手乞討，只看到他們因為無法在我們才開發了部分的世界上競爭，因而產生的崇高舉動。

羅伯和我母親的朋友，聯合國兒童基金會攝影師約翰・以薩（John Issac），都提過他們永生難忘的一刻。在難民營中，沒有人知道我母親是誰，只知道飛機或直升機降落之後，這位女士就會出現：像他們一樣瘦，態度溫和親切，滿心關懷，她的眼中有什麼事物，讓他們受到她吸引，感到心安。在某次拜訪的最後，他們魚貫進入粗陋的建築物，長長的一排兒童，全都等待著唯一的一餐：兒童基金會在碰到危急情況時所施捨的一碗粥。

我母親正在和官員熱烈談話，羅伯和約翰都注意到排在飢餓長龍中的一個小女孩，她似乎深受這位不知名的女士吸引，因為她看到她多麼關切其他的孩童。長龍一步一步前進，小女孩離施粥點也更近了，這時可以看出她心中的掙扎。她抬頭看看龍頭，可能極度飢渴，卻又受到我母親莫名的吸引，朝我母親望去。由她的眼中，可以看出她的掙扎。她面對了生命中兩種最基本的本能：對食物的需要，和投入溫柔女性懷抱中的需要——因為她提供的希望和安全，唯有母親才能給予。

最後她們倆四目相接，母親變得非常沉默。正當這個小女孩走到龍頭之際，她抬眼看著自己的碗、看著食物，接著在一瞬間就跑出隊伍，衝入我母親的懷裡。對於情感的需要，希望被這位神祕的女士抱在懷裡的需要，在那一刻超越了她生存的需要。

羅伯和約翰談到這個故事，都忍不住熱淚盈眶。約翰雖然身為這個時代最傑出攝影師，但因為感受到那一刻的深沉和私密，因此決定不拍攝這個鏡頭。

我們常提到生命的質而非量，母親對於她在聯合國兒童基金會所扮演的角色非常自豪，雖然在許多時候，這些孩子因為長期的營養不良或是重病，使母親無法挽救他們的性命，但她至少能擁抱他們的靈魂，讓他們走得安詳。

　　母親認為，因營養不良而在難民營中死在生母慈愛懷抱中的孩子，總比飽受虐待、作童工、童妓，或因戰爭而遭剝奪童年的孩子好一點。

　　兒童不知如何為自己的尊嚴而戰，即使成人，可能也有困難。這也正是母親不辭辛勞，為制訂兒童權利憲章奔走的原因。她一直不了解，為什麼美國花了那麼久的時間，還未簽署這個憲章。舉世最先進的國家怎麼可能會還沒有批准和該國憲法保護成人一樣不遺餘力的兒童憲章？聯合國兒童基金會的理事長吉姆・葛蘭特生前念茲在茲的，就是美國能簽署這個憲章。最後老布希總統終於簽了，雖然因為它明顯違反美國憲法，因此並沒有完全施行，不過至少朝正確的方向邁了一步。

　　母親曾滿懷同情地談起在基斯莫的經歷，那是她頭一個訪問的索馬利亞難民營。一個失明的小女孩沿著難民營的圍籬摸索，想要找到醫務室。她裹著一片簡單的藍布，頭上一堆飛舞的蒼蠅，象徵著兒童最悲慘的困境：迷失在不再關切她的世界裡。母親想要安慰她，協助她找路，但小女孩的笑容消失了，取而代之的是一臉的漠然，是靈魂的沉默。

　　母親常把好的風範當作是「推己及人」的實際方法。她能夠做到這點，是因為她終其一生都朝這個方向努力。雖然這是她與生俱來的天賦，但也經過她後天在人生和事業生涯中的鍛鍊。這個寶貴的情感工具是個顯微鏡，讓她能以演員的身分，看出或想像出其他人靈魂最私密深處的感受。在她為聯合國兒童基金會工作時，這種能力變成了揚聲器，變成了這些兒童孤單、痛苦的擴大機，就像這個盲眼小女孩的情況一樣。

　　這種她形容為「食物無法消除的情感飢渴」，以及孩子在沒有人關愛之下產生的驚慌和恐懼，是她切身最沉痛的經歷。成人對孩子們的忽視和羞辱，摧毀了他們的信任、希望，和各種潛在的可能。

我母親和這失明的小女孩同病相憐，體會她的寂寞、空虛。對於這種空洞和悲哀，她有切身的了解。

這個小精靈心底的哀愁打動了全世界，讓世人傾心不已，雖然她最後找到了平靜與愛，但這股哀傷依舊主宰了她的一生。為什麼她成為我們心頭最隱密浪漫想法的象徵，成為情感世界的聖女貞德？因為她眼中的哀愁說：「我懂，我懂這一切，但讓我夢想，讓我作你的安蒂岡妮（Antigone，希臘悲劇女主角）。」她並沒有屈服、順應，而是繼續追尋她的夢想：相信總有一天她的父親會回來，擁她入懷；相信總有一天，士兵不再自相殘殺；相信總有一天，兒童會安全無虞，「每個孩子都有獲得健康、關愛、幸福，和生命的權利。」

在已開發國家，我們保障人權，但在許多開發中國家，人命依然毫無價值，而未來的主人翁——兒童，機會就更渺茫了。

「我很難了解政治，因為其策略權謀太過複雜。政治，顧名思義，應該是為眾人服務，爭取眾人的福祉，博愛則意味著人類的幸福。針對人類所受的折磨痛苦，政治在理念上應該追求博愛的精神，那是我的夢想，也因此我引用這樣的例子，或許在歷史上會有獨特的地位：索馬利亞之所以能繼續生存下去，都是靠人道主義者的努力，或許日積月累下來，有朝一日人道援助不再有政治運作的手段，而能夠把政治人道化。我夢想有一天，兩者相輔相成，而這也是我想要去索馬利亞的原因之一，並不是因為我能做多少工作，而是因為有越多的見證越好。如果多了我這個見證，只要能夠為一個孩子發聲，就值得。」

第六章　許諾之地

190

第六章　**許諾之地**

回顧母親的一生、她所有的成就，和她對社會的貢獻，我最感驕傲的是她為兒童所盡的心力。她參與聯合國兒童基金會的工作之後，不到一年半，就寫下收錄在本章的演講稿。在這篇稿子中，你聽到了她，她的心聲、她的奉獻、她的靈魂，和她的無比純真。

第六章　許諾之地

聯合國兒童基金會親善大使
奧黛麗‧赫本小姐
應百分之一發展基金會之邀
向聯合國成員發表演說
一九八九年六月十三日，日內瓦

就在一年半之前——在有幸成為聯合國兒童基金會義工之前，我每每看到電視或讀到文章，描述開發中國家兒童及其母親難以名狀的悲慘命運時，總教我覺得絕望無助。

如果今天我不再有那麼茫然無依的感覺，那是因為我已經看到我們可以有哪些作為，而聯合國兒童基金會、各組織機構、教會、政府，和最重要的，在極少的協助之下，靠著這些人自己的力量，已經採取了什麼樣的行動之故。即使如此，我們依然必須對開發中國家兒童教人觸目驚心的狀況，投注更多的關懷——許多兒童還在生死邊緣掙扎。更何況我們現在知道，若要在未來十年解決貧窮的慘況，滿足人類基本的需求，只需要當今全球經濟不到百分之一再一半的經費，也就是說，要拯救這些兒童，不足的並非我們的資源，而是我們的意志。

大家最常問我的問題是：「你究竟為聯合國兒童基金會做什麼工作？」很明白的，我的任務是要提醒世人，讓大家了解兒童的需要。要完全了解世界兒童的問題，當然最好是透過教育、經濟、政治、宗教傳統和文化的專家，我什麼也不是，但我是個母親。很不幸地，我們有需要提升對兒童的關注——受到營養不良、疾病和死亡折磨的兒童。看到這麼多眼神呆滯、病容滿面的小臉蛋，就算你不是「金融界的天之驕子」，也能知道他們有嚴重的營養不良——其中最嚴重的，就是

193

因為缺乏維生素A，而導致角膜的損害，造成部分或全部失明，幾周後導致死亡。在印尼、孟加拉、印度、菲律賓、衣索匹亞等國家，每年總有五十萬個這樣的病例。其實當今有失明之虞的兒童數以百萬計，也因此，許多聯合國兒童基金會的義工和我巡迴世界各地，希望能在時機太遲之前募集款項，同時也喚起大家對此的警覺，打擊另一種黑暗——因為缺乏資訊，不明白伸出援手保住這些孩子是多麼容易的黑暗。每年只要花八毛四分錢，就能讓一個孩子免於失明——只不過是兩片維他命A的價錢。

很久以前，我就認識了聯合國兒童基金會。大約四十五年前，我是飽受烽火摧殘、戰後歐洲成千上萬接受基金會援助的兒童之一。解放之後，我們免於飢餓、壓抑和恆久存在的暴力。當時我們已經近乎赤貧，就像當今的開發中國家一樣，他們痛苦折磨的根源，就在於貧窮——因為匱乏，缺乏自助的工具。這就是兒童基金會的目的——協助有需要的人自助，同時給他們工具，讓他們發展。開發中國家背負了龐大的債務，使貧者益貧，需要最殷切的人，負擔反而最沉重。而受到影響最深最遠的，就是女性和兒童。

不像洪澇荒旱或地震，貧窮的悲劇很難被媒體捕捉，喚起全球的注意，因為它不是發生在任一特定的地方，而是在兩大洲的貧民窟、破落戶，和窮鄉僻壤；它也不是發生在任何特定的時刻，而是日積月累持續不斷。雖然晚間新聞從不報導，但它卻改變了數百萬人的生命。而它之所以發生，並不是因為某個特定的原因，而是因為由工業國家領銜主演的經濟大戲，讓人類的痛苦折磨蔓延發展，其規模、其程度前所未有，這非戰後任何時間所能企及。

以非洲為例，雖然各國政治改革，氣候情況也有所改進，農產品收穫大增，但人民所有的辛苦所得都不敵國際經濟大勢和商品期貨價格的劇降。如今他們得償還當初借貸四倍的金額！而開發中國家最可憫的社會成員，也因經費分配不當，土地及其他生產資源分配不公而受害。

聯合國兒童基金會的主要目標就是兒童——而非國際經濟情勢。在基金會針對逾百開發中國家的日常工作中，卻不得不面對當今國際的經濟問題，這些問題在經濟強權的迴廊上見不到，在負債比率統計數字上摸不著，更不會坐在債務談判桌前——而是反映在兒童的臉龐上。即使只是一時的剝奪，都會造成還在成長的身心永久的損害。人類的大腦和身體在生命初始的頭五年成形，機會稍縱即逝，這些幼童的個人發展，和未來他們對社會的貢獻，都由當今的經濟塑造成型。付出最大代價的，正是這些幼童。因此我們絕不能輕忽這些經濟課題，因為對全球數百萬最貧窮的家庭而言，正是這些課題，讓一九八〇年代成為絕望的年代。

如今，那十年瘋狂告貸所帶來最沉重的負擔，不是落在軍隊，也不是在外國銀行帳戶，或是創造浪費年代的始作俑者肩頭，而是落在一無所有的窮人身上，在缺乏食物維持健康的女性身上，在因疾病和營養不良而阻礙了身心成長的嬰兒身上，和被剝奪唯一上學機會的兒童身上。當這樣的影響顯現在兒童高升的死亡率上時，繼之而起就會是對人性泯滅的義憤，不容許任何藉口。如今世人開始有了共識，那就是開發中國家的這種債務必須解除，降低到能夠讓它們有能力應付的程度，讓它們的經濟能夠擺脫沉重的負債，讓它們能夠休養生息，走上真正發展的道路。

如今世界人口的成長已經逐漸在控制之中，到處都可以看到改變在望——如果能在此時此刻編織願景，活用這樣的機會，夢想嶄新的世界，並且放膽去追尋，那麼我們就有可能在未來幾十年間，掌握威脅人類的三大基本問題：戰爭的存在和威脅、環境的惡化，和一無所有的貧困。

在現代歷史上，許多偉大的社會變革——奴隸的廢除、殖民統治的終結、種族分離主義的解除、保護環境的共識，以及對女性權利的認可，全都始於滔滔雄辯，終於實際的行動。如今終於該輪到兒童，而我們對國際兒童高峰會和兒童權

196

第六章　許諾之地

益會議的夢想，也可望成真。

　　每天，全世界依然有四萬名兒童（二〇〇三年是三萬五千名）死亡，每周就有二十八萬（二〇〇三年是二十四萬五千）。從沒有天災——不論是洪水或地震，害死過這麼多兒童，然而這樣的情況卻靜悄悄地發生在許多有藥可醫的疾病，如小兒麻痺、破傷風、肺結核、麻疹，和最可怕的殺手——因飲水不潔和營養缺乏而造成痢疾的脫水。其實，只要花五美元，就能讓孩子接種終生疫苗；只要六美分，就能防止他們因脫水而死；每年只要八毛四分錢，就能讓孩子不致失明。為什麼各國政府花了這麼多錢在戰爭上，反而漠視兒童——他們最寶貴的資產，和平唯一的希望？

　　我必須承認，聯合國兒童基金會任務規模之龐大，教我覺得無比沉重，一想到我們辦不到的事物——比如一夕之間旋乾轉坤，改變世界，或是想到我得面對世人的冷嘲熱諷，質疑我：如果這些孩子長大成人之後，依然得因人口過剩而承受更多的折磨，面對貧窮，那麼拯救他們在道德上是對的嗎？然而，讓孩子死亡並不是解決人口過剩的辦法，家庭計畫和生產間隔才是。只要讓窮人有更好的生活，給他們健康、教育、房屋、營養、人權，就能減緩人口成長的速度。這些事物並非免費，但只要伸出援手，開發中國家是可以負擔得起的。中國大陸、印尼、泰國和墨西哥的例子已經證實了，只要加強公共衛生教育，實施家庭計畫，就能減緩人口成長。

　　世銀預估，到一九九〇年代初期，全球就將達到歷史的轉捩點，世界人口年成長率將會下降，同樣重要的是，沒有一個國家不是嬰兒死亡率先下降，出生率才會跟著下降，也就是說，如果作父母的知道子女都能存活，他們就會作好計畫，只生兩個孩子，而不會接連生六個，希冀其中兩個能倖存。也因此，兒童基金會同樣致力於教導作母親的如何照顧子女，因為孩子最佳的守護者還是母親。兒童基金會支持開發中國家教育母親的任何計畫，只要其內容和健康、營養、公

197

上圖：索馬利亞，1992年。貝提新聞社攝。
UNICEF/HQ92-1197/Betty Press.

第六章　許諾之地

共衛生、保健、教育，和識字直接相關。

　　因此今天我是代表那些無法為自己發言的孩子說話：為因缺乏維他命而即將失明的孩童，為因小兒麻痺症而造成肢障、行動遲緩的孩童，為因缺水，因而以各種形式更消瘦、更羸弱的孩童，為舉世約上億名街頭流浪兒，他們除了離家求生存之外，別無選擇，他們全身上下一無所有，有的只是他們的勇氣、笑容、和夢想，為雖然沒有仇敵，但卻往往成為戰爭頭一批小犧牲品的孩童──不再局限於戰場，而以恐怖、脅迫，和大屠殺方式進行的戰爭，使成千上萬難民營的孩子們在暴力恐怖環伺的情況下成長。不論是協助阿富汗數以百萬計的兒童返鄉，或是教導自幼只會殺戮的兒童學習遊戲，聯合國兒童基金會所面對的重任都是空前的龐大。狄更斯曾寫過：「在孩子們小小的世界中，在他們存在的天地，再沒有任何事物比不公不義教他們感觸最深。」只要我們能夠多施予，就能消除這樣的不公不義，然而我們面對這樣駭人的悲劇場面，卻往往卻步不前。為什麼？已經有方法、有所費不多的途徑，可以保護這些孩子，協助他們。這些方法可以提供給各領導人物、父母，和年輕人──還保有赤子之心的年輕人，因為純真的心靈偶爾會隨年歲增長，而變得世故陰暗。這些年輕人還記得自己的童年，因此起而拯救以如此沉重不平等的方式展開人生的小生命。

199

　　兒童是我們最重要的資產，是我們未來的希望。除非能確保他們非但在生命初期脆弱的年歲安然成長，而且還免於情感、社會，和身體上的虐待，否則我們就不可能面對沒有衝突和暴力的世界。這是唯有我們才能夠實現的世界。

　　聯合國兒童基金會是人道組織，而非慈善機構，它要做的工作是發展，而非福利──給伸手等待的人救濟品。在我赴衣索匹亞、委內瑞拉、厄瓜多爾、中美洲、墨西哥和蘇丹的旅程裡，並沒有看見人民伸出乞討的手，他們有的只是沉默的尊嚴，和期待有機會能夠自立的渴望。

　　聯合國兒童基金會的使命是保護每個兒童，讓他們免於飢餓、乾渴、疾病、

200

第六章　許諾之地

虐待，和死亡。然而如今，我們卻面對了更不利的威脅：「人對人的不人道」，揭露人性的黑暗面，污染了我們的天空和海洋，破壞了我們的森林，消滅了無數美麗的動物。下一個輪到的，會是我們的孩子嗎？

那就是我們起而對抗的目標。因為光是為我們的孩子接種疫苗，供給他們食物和飲水，治療人類破壞的癖好，是不夠的──人類一心破壞我們珍視的一切，生命所依賴的一切，我們所呼吸的空氣，供養我們的大地，和一切事物中最彌足珍貴的──我們的孩子。不論是由衣索匹亞的飢荒、瓜地馬拉和宏都拉斯的赤貧、薩爾瓦多的內戰，或是蘇丹的人種大屠殺，我都看到同樣一個眩目的事實：這些都不是天災，而是人禍，因此唯一的解決方法也在人的手中──和平。

聯合國在蘇丹的浩大工作「蘇丹生命線組織」障礙重重，在幅員如此廣大的國家，卻毫無基礎建設，沒有道路，沒有通訊系統，因此即使只能達到一半的目標，都算成功。因為這不只能拯救成千上萬的生命，也能讓蘇丹獲得希望。聯合國大會讓全世界看到，唯有透過和平走廊，才能讓孩子得到拯救；唯有透過和平，人類才能生存；唯有透過發展，人類才能持續，擁有尊嚴和未來──在這樣的未來中，我們才能說，我們已經盡到了人類的義務。

你的百分之一只是百分之百中的一個例子，然而大家齊心合力，就能組成愛與關懷百分之百的美麗典範。只要大家攜手合作，沒有任何目標會達不到。

下圖：索馬利亞，1992年。貝提新聞社攝。奧黛　　右頁：在孟加拉，1989年。約翰・以薩攝。
麗與羅伯在執行聯合國兒童基金會的任務。　　UNICEF/3790-89/John Isaac.
UNICEF/Betty Press.

第六章　許諾之地

203

第七章　永恆價值

207

　　一九九二年十二月十九日，正當我們忙著打點一切，準備讓母親搭機回家時，醫生卻告訴我們，母親恐怕撐不過去，因為飛機起降時機艙的壓力變化，很可能會使她腸子多重閉塞之處破裂，造成腹膜炎。果真如此，那麼她就會在一小時之內，因敗血症死亡。雖然如此，在母親老友比利‧懷德和詹姆斯‧史都華最後一次探視她之後，我們還是赴了機場。

　　我們準備上車，該是母親和康妮道別的時候了，她們倆都隱約知道這是訣別的一刻，但她們倆也都知道該如何把它做好。因此她們互相吻別，好像不久之後就會再度見面一樣，兩人表現得如此真摯，讓站在屋前草坪上的我們，在那瞬間也信以為真。一直到片刻之後，我才領悟到在她倆這種表現背後含蓄的力量。

飛行員攀升得非常緩慢，爬高了數百哩，最後徐徐降落，盡量讓壓力的改變維持在最低。我們得在格陵蘭降落加油，使母親的風險加倍。等機輪終於在日內瓦機場的跑道上著陸時，她欣喜地說：「我們到家了。」我知道這對她意義多麼重大。那架私人飛機之旅可能是我們所有人畢生最豪華的經驗。

我們於十二月二十日抵達瑞士。接下來的幾天，我們都在安排如何照顧她，同時為耶誕佳節做最後一刻的準備。先前我們已經聽說，佳節期間，想要在瑞士請到居家療護協助，恐怕有很大的困難。因此我們請母親在西達斯醫院時的親切護士貝蒂和我們一起回家，協助照料她。這對貝蒂和她家人是個困難的決定。我還記得她先生來醫院看我們，他希望能親自告訴我們，她已經同意和我們一起赴瑞士。這是我們那年的第一個耶誕禮物——他們把他們的耶誕佳節送給了我們。

每天，我們都會小心翼翼地到和平之邸的花園中散步，這是母親過去三十年來的家。在拍完《龍鳳配》之後，我父母親搬到布爾根施托克，這是個美麗的山頂小村，可以俯看到我出生的地方——琉森。不過當地冬季酷寒，因此他們不得不在日內瓦湖附近找個氣候較溫和的居所。母親說，他們常做些三明治，帶個熱水瓶，由琉森搭火車往洛桑找房子。她說她永遠不會忘記初見這幢房子的那一天。有朋友告訴她，這幢房子可能要賣，她就租了車，停在莊園下方，站在車上探望。那時正是春天，這幢房子是建於十八世紀的農莊，四周有兩英畝半的果樹。她只看到櫻花滿園，隱約可看到房子的一部分，任她的想像力馳騁。

她還記得她覺得很緊張（butterflies in her stomach），她感到自己回到了家。我多麼感謝那些蝴蝶，在那滿懷期待的完美片刻，竟能在她體內起舞。

我們全家一向都會在耶誕節團聚，今年比以往更有這個必要，或許這也是最後一次。她總要求我們不要為她買昂貴的禮物。有時她會要我們送她鉛筆橡皮擦和其他辦公用品，供她一年之需，有時她則喜歡薰香蠟燭，或是美國的洗髮精。她總要實用的禮物，而不是每年這個時節就塞滿商店貨架的那些沒用傻東西。那個耶誕，外出購物對我們是艱難的任務，因為我們既不想離開家，又不想破壞節日全家團聚在一起的氣氛。在這樣的時刻，你怎能慶祝？然而我們畢竟還是圍在

一起，吃了沉默的耶誕晚餐。其實家人中也有人主張不要耶誕晚餐，但弟弟盧卡卻堅持母親要我們維持家裡的這個傳統。所以我們還是舉行了晚餐。因為她不能進食，所以晚餐時，她留在樓上休息。

母親告訴我們，對於自己的病況，她最擔心的莫過於自己成為我們所有人的負擔。

我們入學後，母親就不再工作，因為我們不可能到她拍片的地點去探班，而她覺得拍一部電影，可能得和我們分離兩三個月的時間，實在太長了，因此她寧可把她的事業放在一邊，陪伴在我們身旁。她說如果她繼續工作，或許可以多賺很多錢，但她所擁有的已經足夠，不致在日後成為我們的負擔。她常說，她很高興沒有濫用自己的形象，因為她接受聯合國兒童基金會的工作之後，社會大眾依然對她有興趣。

因此報章、媒體依然樂於報導她的所作所為，她在開發中國家的種種見聞。我們覺得最奇妙的是，她從不認為自己有多麼特別，值得媒體如此的青睞。我的妻子曾陪她赴兒童基金會的午餐，還清楚記得她在幾百名企業界人士前發表演說，全身發抖，像迎風搖曳的樹葉一樣。經過這麼些年，她演講時依然會顫抖，彷彿仍是初次上台。她總很在乎，總希望竭盡所能。基本上，她是不安全感很重的人，而正是這種不安全感，讓每一個人都愛上她。這不正是美的真正定義嗎？就像一隻正在溪畔喝水的小鹿，牠抬起頭來，就站在那裡。牠不知道自己的外貌如何，也不知道自己的身體多麼輕盈苗條，動作多麼流暢優雅；牠只是一隻小鹿，就像所有其他的小鹿一樣。

耶誕晚餐後，母親下樓來。我們全都聚在一堂，分享禮物。由於她不能外出購物，因此她選了一些自己的用品，做為分贈我們的禮物：一條絲巾、一件毛衣、一支蠟燭，這使得她的禮物更感人，更有價值。接著她又讀了一段短文，這是她曾用在聯合國兒童基金會演講中的一段文章，出自幽默作家及廣播電視界名

209

人山姆・李文森之手，是他在孫女出生那天寫給她的文章。他擔心自己年事已高，或許看不到她長大成人，因此用這篇小文傳遞自己的一些智慧。母親把它改編成一首詩，題為〈歷久彌新的美麗〉。

即使我們身在瑞士，母親生病的消息依舊不脛而走。狗仔隊又來包圍我們，也因此，即使醫師並沒有囑咐，她還是不敢出門。狗仔隊趁她在花園中散步時，偷拍了一些照片，有幾次他們甚至還租了直升機，飛越我們的房子，希望能拍到她的身影。他們頭一次成功的時候，我們不得不進屋內，這惹惱了她。對她而言，能在下午漫步花園二十分鐘，是一種精神上的寄託：新鮮的空氣、村子裡的種種氣味、牛鈴聲響，樹木在最後幾縷光線的映照下，輕輕地擺動枯枝，一抹陽光兀自燃燒，想穿透下午的薄霧。

一次，我陪著她漫步，她指著樹木，告訴我哪些來年需要修剪。「這株將來幾年應該不成問題，但那株高大的樅木則得由中段剪除，否則樹枝太長，撐不住下一冬的積雪。」這些樹的樹齡都已經好幾百年，需要經常的照顧。在接下來的歲月裡，我很勤勉地依著她的建議去做，這讓我覺得自己和她十分親密，就彷彿她還在照顧對她意義如此重大的家庭一樣。

晚餐後，我帶她上樓，我們談到療護的問題。那兩三個月我讀了幾本談精神療護和生存意志的書，這些書頗有深義，讓我了解這對她有困難——為自己的緣故而掙扎求生。生活是否打敗了她？我不禁疑惑。可能沒有。但她內心一逕的哀愁，卻可能因為她在兒童基金會工作時所見的痛苦和折磨而加深。五十年前，她曾見到無辜的年輕人和親朋好友被拖上安恆街頭射殺，以報復荷蘭人民對佔領軍薄弱無力的反抗；五十年後，她再一次見證了不公不義，同樣的折磨，發生在信誓旦旦絕不容悲劇重演的世界上。

因此我請求她，為了我們全家人的緣故要好起來。「那倒簡單，」她說：「我辦得到，只是我不知道上半身和下半身怎麼再連接在一起。」這話的意義多麼深遠。上下半身已經分離多久了？是否因為她的身體已經無力面對殘暴的現實

第七章　**永恆價值**

世界，靈魂逐漸脫離，因而以她腹中的惡疾做為表現的形式？

　　一月二十日也像其他任何一天一樣地展開。隨著病情加重，她睡得越來越多，最近兩天，她每一次醒來，都不過幾分鐘。麻醉師前一天已經幫她施打嗎啡，我問他為什麼要這樣做，他說，以她的狀況，我們不能確知先前所用的止痛劑是否有效，而用嗎啡，則能確定她會很舒服。

　　「有沒有副作用？」我脫口而出。他凝視著我的眼睛，輕輕地說，可能會使她提早一天左右離開人世。

　　我走進她的房間，我們倆都知道生命的尾聲已近。萬籟俱寂，柔和的月光由窗外照射進來。我俯身看著她。她看起來多麼祥和，教我甚至忘記她生了病。

　　前一晚我也守候著她。她在深夜時分醒來，躺在那裡，凝望著遠方。我問她在想什麼，有什麼感覺——有沒有什麼想聊的事？想念祖母嗎？她沒有回答。接著我又問她，有沒有什麼遺憾。她說：「沒有。……不過我不懂為什麼會有這麼多折磨……，那些孩子。」過了一會兒她又說：「我的確有遺憾。可惜沒見到達賴喇嘛，他可能是我們這個世界上最接近上帝的人。這麼幽默……，這麼推己及人……，這麼充滿人道的襟懷。」

　　那是她再度入眠之前最後的言語。

211

　　如今她在那裡，依然熟睡。我感覺到它，在一剎那間。我立刻知道自己該做什麼。我在她床邊的椅子上，拉著她的手，告訴她我多麼愛她。這張床正是我幼時曾爬上過夜的床，在我心目中曾是世上最安全的地方。接著我卻突然發現，這張床多麼小，一旦她撒手人寰，它又會變得多麼沒有意義。我告訴她，我知道她多愛我們，也知道她不想要再延續這種痛苦，我們也不想。我向她低語，若她覺得一切就緒，就可以放手。我把她的手貼上我的面頰，讓她感覺到我淚水的溫度。我相信她可以聽到我的話。我吻她的手，向她說，我心裡的那個小男孩會隨

她而去。

她曾提到「那些人」，我們不知道她指的是什麼。她說他們就在那裡等著她。她描述這些人是「站在曠野中的安曼派教徒（移居美國的荷蘭、德國移民，崇尚自然生活），靜靜地等著，就在床的左邊。」我們追問細節，她只輕輕地回答：「你們不會懂的，或許你們以後就會了解。」知道她對另一個世界有強烈的感覺，知道她並不害怕，讓我們很安心。我們曾有機會和她談到她的遠行，談到我們的懼怕，我們的憤怒，我們的希望。她教我們不要憤怒——這是自然的，死亡是人生的一部分。

我起身，撫觸她的額頭，告訴她我會回來。在恍恍惚惚之間，我走下樓梯，打電話給牧師，鈴才響一聲，他就接了起來。他很高興聽到我的聲音，也料到我會打電話給他。他已經年逾八十，三十三年前曾為我施洗。我覺得自己好像飄浮在現世與天空之間。他說他會在四時前來。我道了謝。

我穿過村子，走向墓地。冬日的清新空氣刺痛了我的鼻子，提醒我自己有多麼痛苦。她曾告訴我，為了弟弟的緣故，希望自己能夠土葬，因為他一直都遺憾外祖母被火葬，讓我們日後無處追憶憑悼她。她曾提過我們屋後侏羅山的一個寧靜景觀，那裡藏著一個山谷，住著一群極其獨立的分離主義分子。他們想要建立自己的國家，而且願意為國家而戰，有點像迷你版的巴斯克族人奮鬥過程，只是舉世所知不多。我揣想瑞士的自由無遠弗屆。我想到她變得多麼嚴肅。她真的是我們全家的大家長。我推開結了冰的鐵門，它黏住了我的手。在下一塊可用墓地後方，斜倚在墓園牆上的，是一株可愛的小樹。雖然還是嚴冬，但我已經能想像春光乍現、枝頭繁花似錦的景象。墓園微微起伏，而這塊墓地位於最高點。我環顧四方，景色如畫。

我回身穿過村子，抵達小小的市政廳。市政廳的一樓是郵局，二樓是市府辦公室，再上去就是鐘塔，它每個小時準時報時，讓我幼時能夠安眠。市長是位老朋友，我曾和他的孩子一起上學。他抬起頭來，立刻明白我的來意。他由書庫中

212

取出一本舊書，我們一起看墓地的藍圖。我指著小圖上第六十三號墓地，他說這塊地的價格是兩百七十五瑞士法郎，可供我們使用五百年。我問：「如果要永遠使用，價格是多少？」他查了一下說：「是三百五十法郎。」我不禁想到，在這個有八百年歷史的小村落裡，永恆的價值只不過是七十五法郎，多麼奇妙。我們握手道別，我走回家。

她一動也沒動。我坐在她身旁，告訴她墓園的風光和滿樹的櫻花，也感覺到她認可這個地點。對講機響了，艾丁格牧師到了。我下樓招呼他，但一握到他的手，招呼的話語就卡在喉間，於是兩人就在沉默中上了樓。我們跪在床腳，他則站在床邊。他唸的禱文很美，聲音充滿了感情，是唯有在人的靈魂在焠煉純真與疑惑達八十年之久而成熟之後的情感。我哭了，我妻子也落了淚，大家合掌跟隨他禱告。太陽破雲而出，陽光穿透窗戶。祈禱結束後，我們互相擁抱，溫柔地吻她，再一起下樓。他逕自坐下，攤開聖經。我問他需不需要什麼東西？他說，他已經擁有他所需要的一切。他想要回家嗎？時辰到了我會再撥電話請他過來。他說他會待到那個時刻。於是我請大家都坐下，每一位，我告訴他們我選的墓地、那裡的景觀、櫻花，和永恆的價值。他們全都靜靜地聆聽。等我說完了，問大家是否都覺得安心，他們說是。最後一位坐下的人是羅伯，我問他是否感到安心，他說是。話聲方歇，樓上的對講機響了，是我母親三十五年來的女僕兼朋友喬凡娜，她喊道：「趕快來」，我們急奔上樓。

她已經走了。

她面帶微笑，嘴角微張。一顆小小的淚珠棲息在她的眼角，像鑽石一般閃閃發亮。喬凡娜臉色蒼白，不斷重複地說，她正在清洗水槽，母親的朋友，也是她在兒童基金會的助理克莉絲塔走進房內，發現她已經走了。我們緊緊抱著喬凡娜，她的整個世界彷彿都崩潰了。她一直都在母親身邊，不論她生病或健康，都一直在照顧她。母親常向她說，另一半可能會來來去去換人，但她們倆卻永遠會

相依為命。我常聽說人會趁著摯愛的親友不在的片刻死亡，我母親就是這樣單獨離開人世的。

三天前，她最後一次在花園裡散步。回家後上樓梯時，她告訴我們她多麼疲憊。就在耶誕節之後，我們還談過，既然我要逗留一陣子，是否該把狗由洛杉磯接來，直到她好一點再說。她想了一下，要我給她一個月的時間，因為她擔心我的狗——一隻黑牧羊犬和一隻杜賓混種狗，會把她那幾隻小小的傑克・羅素（剛毛獵狐犬）像她所說的「吞漢堡」一樣吞掉。她對狗的直覺敏銳，就像她對時尚一樣敏感。一九五〇年代，早在約克夏還沒開始流行時，她就養了幾隻，有人說，可能是因為她，才掀起約克夏的流行風潮。一九八〇年代初，她買了兩隻新品種傑克・羅素犬，這種犬就以改良培育出這個品種的傑克・羅素牧師為品種名稱。牠們看起來很像RCA作廣告的那隻狗，只是體型較迷你，結果這種狗也成了流行。

一個月。難道她知道自己的大限？難道她有什麼感覺？在那一刻迫近時，我們是否都有那種清澄的智慧？我們是否隱藏了這種唯有一腳跨入另一世界的人才共有的睿智？我原本想，一個月之內，我們就會知道該怎麼辦，而她甚至還沒有撐過一個月。

有人拭去了最後的那滴眼淚，我舉起手，「不」字卻卡在喉頭。如今滿室都是家人和好友，大家不是低頭哭泣，就是扭絞雙手。我覺得自己似乎在暗夜裡站在高速公路正中央，彷彿瞧見她的胸膛還在起伏，但有人告訴我這是正常的。等牧師作完簡單的臨終膏油禮之後，醫師到了，證實了我們已經知道的死訊。

我打電話給爸爸，他已經抵達瑞士，以便陪著我。他開夜車抵達，擁抱我，並且向她道別。我永遠忘不了他剛進房間，看到她躺在那裡時，臉上的表情。他觸摸她的手，彷彿使她安心似的，接著吻了她的額頭。他生命中非常重要的一章也告結束。

我們把她停放在家裡三天，到一月二十四日上午，我們把靈柩抬出家門，穿

第七章　**永恆價值**

過村莊，前往小小的教堂。有人告訴我，我們那原本只有一千兩百名居民的小村子那天竟擠進了兩萬五千人，夾道向她告別，但滿山遍野卻是一片沉默。我記得母親告訴過我們，她永遠忘不了她訪問索馬利亞時，抵達第一個兒童基金會營地，營裡的一片靜默，簡直震耳欲聾。那裡有一萬五千名飢餓的男女和兒童，沒有人說片語隻字。而在義大利待了那麼多年的我們還互開玩笑，說如果是一萬五千名飢餓的義大利人，只怕情況會完全改觀。

我想我也和其他孩子看到父母哀傷時所做的完全一樣。我總是逗她笑，我小時就會扮演各種有趣的角色，或是模仿誰的口音，讓她捧腹大笑，有時甚至讓她笑得直不起腰來。即使面對最困難的時刻，她也一逕保持犀利敏銳的幽默感。她還在醫院治療的期間，曾把七位會診大夫稱為七矮人：「七矮人來看過我們之後，我們就要讀誰和誰的來信，或者撥電話給誰和誰。」

她接到許多感人的信，其中有一封我銘記在心。母親和派拉蒙公司初次簽約之後，曾參加過演員工會的餐會，被安排坐在桌子中央的座位，馬龍‧白蘭度的旁邊。他們坐定之後，她覺得很害羞，就向他打了招呼，但此後餐會全程，他沒和她再說任何一句話。由於她的經紀人柯特‧佛林吉斯也是白蘭度的經紀人，因此她私下把這事告訴柯特現任的妻子瑪麗。柯特多年前去世了，母親非常難過，就像她的經理人艾伯‧畢恩史托克（Abe Bienstock）去世時一樣。他們和她的生命永遠息息相關，好像是一家人，對她如師如父。

瑪麗一定把這件事告訴白蘭度，多年前她曾和他有過一段婚姻。她一定告訴他午餐會的經過和母親的感受，因為他寄來了一封信，信中他談到他對她肅然起敬，一句話也說不出來。四十年來，她一直以為他刻意冷落她，其實根本不是這麼回事，他只是滿心敬意，正像她對他一樣。

她從沒有忘懷看到那些索馬利亞家庭安靜沉默地排隊，等待可能永遠也得不到的賑濟。看到孩子們死在自己母親的懷裡，會讓她多麼感傷？她明知我們所做的不夠多，能做的有限，而不公不義和戰爭冷酷無情的傷害，一旦造成，就無法

消解，這是否讓她在夜裡輾轉反側？她怎麼看我們圍聚在餐桌上歡笑，任由人生輕輕溜走？這是否引發了脫離生命的過程，一旦啟動，就再難逆轉？為什麼聯合國兒童基金會的理事長在幾個月之後步她的後塵，死於同樣的疾病？我們死亡的意願，是否一旦被同情心引燃啟動，就像我們求生的意志一樣堅強？它是否知道這其間的差異，抑或只是順其自然，隨波逐流，就像綿羊一隻隻跳下懸崖？

我們緩步向前，每一步都使棺木堅硬的稜角更深陷入我們的肩頭。我仰頭張望，陽光使我目眩，但我卻微笑起來。在狗仔隊以直升機騷擾我們的事件發生之後，我和家裡的一位老友聯絡，他是瑞士陸軍上校，不過已經退役。我告訴他直升機騷擾的事情，以及這讓母親多麼難過。他聆聽不語。我問他有沒有辦法在喪禮那天阻止狗仔隊在上空盤桓。他沉默了一下，說他不知道。我詢問的這個鐵漢畢生從沒有為任何目的違反任何規則。這裡不是義大利或法國，只要一點政治手腕，就能辦到這樣的奇蹟。這裡是瑞士，不會有任何公器私用的情事。雖然他來參加喪禮，但卻從沒有回電告訴我他究竟能不能辦到。天空一望無際。後來我才聽說，「高層」發了一紙命令──究竟多高層，我們不得而知，當天上午十時到下午四時之間，整個地區都是禁航區。我笑了，這回我們攔住了他們。經歷了數周寒冷灰暗的天空，太陽終於露了臉。

整個儀式簡單隆重，最後輪到我發言，我唸了下面這段話：

山姆・李文森這位老師、作家，也是知名的幽默大師，曾在他孫女誕生那天，寫了信給她。母親非常喜愛這封信，因此在去年耶誕節唸了幾段給我們聽，並且由信中的文字，為它取名為

歷久彌新的美麗

要有魅力的雙唇，就得說仁慈的話語；

第七章　永恆價值

要有明亮的雙眸，就得看別人的優點；

要有窈窕的身材，就得和飢餓的人分享食物；

要有美麗的頭髮，就得讓孩子每天撫觸它一次；

要步履沉著穩重，就得知道自己永遠不會孤獨。

我們留給你光明未來的傳統，

人類的溫情關懷永不止息。

人比萬物更需要修補、更新、振奮、糾正，還要

彌補、彌補、再彌補。

不要放棄任何人。

記得，若你需要援手，那麼它就生在你的手臂下方。

當你年歲漸長，就會發現你有兩隻手：一隻用來幫助你自己，另一隻用

來幫助其他人。

你的「美好辰光」還在前方，願你來日久長。

　　母親尤其相信一件事物：她相信愛。她相信愛能治療、修復、彌補、挽救，讓一切到最後都成為善……，的確如此。她在這最後幾周說了不少事情……，如此簡單純真，我們將永誌不忘。但我尤其記得一件事……，如此清晰，如此美好。我們最後一次在花園內漫步時，園丁喬凡尼上前來說：「太太，等你好一點，可以幫我一起整理花園，重新栽種。」

　　她笑了，說：「喬凡尼，我會幫你……，但和以前不一樣。」

　　由教堂往墓地的路上，靈柩感覺更加沉重，但我心卻不然。不論生死，我們永遠是一家人。她告訴我們，那是她畢生最棒的耶誕節。

　　後來我問她為什麼，她只說，現在她終於確定……，她確定我們都愛她。

218

左頁上圖：鳥瞰和平之邸。每年夏天，村子裡都會舉辦小規模的園遊會，其中一個遊戲是由當地的建設公司提供，以吊車吊起水泥箱，供人搭乘，可達吊車的最高點，我就是這樣才拍到這幀相片的。西恩・法拉攝。

左頁下圖：春天在和平之邸。生活照。

上圖：和平之邸和日內瓦湖。西恩・法拉攝。

下圖：冬日之晨，和平之邸，由奧黛麗的化妝室朝外望。生活照。

220

上圖與右頁：生活照。

第七章　**永恆價值**

上圖與右頁：奧黛麗珍愛的花壇，和平之邸花園。生活照。

第七章　**永恆價值**

223

第七章　**永恆價值**

225

左頁與上圖：1987年春，紫藤盛開的和平之邸花園。生活照。

左頁：1990年代初期。她每天摘下來，準備　　下圖：1992年6月。潘尼臥在母親浴室窗前。生活照。
妝點屋內的鮮花。生活照。

AUDREY HEPBURN AN ELEGANT SPIRIT: A Son Remembers

左頁：母親最愛的地方，瑞士和平之邸的花園。亨利・克拉克攝，1971年。Henry Clarke/*Vogue* © Condé Nast Publications。

上圖：奧黛麗1969年春夏懷著盧卡時，醫師建議她盡可能休息，因此她畫下家中花園的萬紫千紅。奧黛麗油畫作品。西恩・法拉所有。

下頁：1960年代初期。奧黛麗花園的萬紫干紅。生活照。

AUDREY HEPBURN AN ELEGANT SPIRIT: A Son Remembers

第七章　**永恆價值**